KB115595

한반도 분단 관계 자료집
1

엮은이
고려대학교 민족문화연구원 북한아카이브센터

번역 및 감수
민경현(閔庚鉉, Kyoung-hyoun Min)_북한아카이브센터
이호준(李豪埈, Ho-joon Lee)_북한아카이브센터
진수인(陳秀仁, Su-in Jin)_북한아카이브센터

한반도 분단 관계 자료집 1

초판 인쇄 2020년 7월 10일 초판 발행 2020년 7월 20일
엮은이 고려대학교 민족문화연구원 북한아카이브센터 펴낸이 박성모 펴낸곳 소명출판 출판등록 제13-522호
주소 서울시 서초구 서초중앙로6길 15, 2층
전화 02-585-7840 팩스 02-585-7848 전자우편 somyungbooks@daum.net 홈페이지 www.somyong.co.kr

값 22,000원   ⓒ 중앙대·한국외대 HK+ 접경인문학연구단, 2020
ISBN 979-11-5905-536-2 94910
ISBN 979-11-5905-581-2 (세트)

잘못된 책은 바꾸어드립니다.
이 책은 저작권법의 보호를 받는 저작물이므로 무단전재와 복제를 금하며, 이 책의 전부 또는 일부를 이용하려면
반드시 사전에 소명출판의 동의를 받아야 합니다.

이 저서는 2017년 대한민국 교육부와 한국연구재단의 지원을 받아 수행된 연구임(NRF-2017S1A6A3A03079318)

CONFIDENTIAL

DEPARTMENT OF STATE

DIVISION OF FAR EASTERN AFFAIRS

February 20, 1942

Aspects of the Question of Korean Independence

Social Structure and Intellectual Life
of Korean People

Korean People

The Korean people, a very distinct, homogenous, sturdy
race with a language, costume, culture and interesting
history of its own, number some 23 million, of which number
some 21 million are in Korea, some 1 1/2 million in Manchuria,
where they are concentrated in Chientao Province (the popula-
tion of which is 80% Korean), and about 1/2 million in Japan.
There are also unimportant Korean communities in cities of
occupied-China. There was a large Korean population in
Ussuri and Primorsk Provinces of Siberia, but between 1936 and
1938 this population was resettled in Soviet Central Asia and
is no longer a factor in the Korean question—the population
of these two Siberian Provinces is now 95% European.

Korean Society

Korea is overwhelmingly rural. There are not more than
half a dozen large cities in all Korea and, with the exception
of Seoul, these are little more than overgrown market towns.
As the Japanese occupy all the administrative and important
professional positions and operate all the public services,
big industries, banks and big businesses, the occupations

left

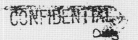

〈그림 1〉 **랭던 보고서** 한국 독립 문제의 몇 가지 유의사항(미국01)

POLITICO-MILITARY PROBLEMS IN THE FAR EAST: TREATMENT OF THE KOREAN POPULATION BY THE MILITARY GOVERNMENT OF KOREA

Report by the
State-War-Navy Coordinating Subcommittee for the Far East

THE PROBLEM

1. To recommend the procedure to be followed in the preparation and processing of statements of policy to be incorporated in a paper on the subject: "Treatment of the Korean Population by the Military Government of Korea".

FACTS BEARING ON THE PROBLEM

2. SWNCC 16/2, approved by the State-War-Navy Coordinating Committee on 23 February 1945, directs that the Subcommittee for the Far East maintain as a general guide for its activities a master list of Pacific-Far Eastern problems, arranged in approximate order of priority, and that prior to initiating action on any one of such problems the Subcommittee submit in each case to SWNCC a detailed recommendation showing (1) a statement of the problem, (2) the agency or agencies to be charged with initiation of the basic documents involved, and (3) the method of processing and coordination thereof, including recommendations and ultimate implementation.

3. The subject, "Special Problems Concerning Korea: Treatment of the Population: Koreans, Japanese", appears as Item IX-3 on the initial list. (SWNCC 16/2, Appendix "A".)

4. The conclusions and recommendations which follow are submitted in compliance with paragraph 6 b of SWNCC 16/2.

DISCUSSION

5. See Appendix "B".

〈그림 2〉 3부조정위원회 보고서 극동지역의 정치-군사적 문제-한국에서 군정이 한국인을 처우하는 문제(미국07)

DECLASSIFIED
By _NND 760090_
NARS, Date

0311

Secret

Russ. #15.

PROPOSAL AND POINT OF VIEW
OF THE REPRESENTATIVES OF THE SOVIET COMMAND ON THE JOINT
SUB-COMMISSION'S REPORT ON ITEM 1 OF THE JOINT AGENDA

The Representatives of the Soviet Command in the Joint Commission have carefully studied the report, submitted by the Joint Sub-Commission and have once more analyzed the motives, expressed by the representatives of both sides on the conditions for democratic parties and social organizations to be consulted by the Joint Commission. Furthermore, we have studied objections to the Soviet Proposal, which were expressed in General Arnold's statement during the Joint Commission's meeting of April 3.

The Representatives of the Soviet Command in a series of documents and statements have expressed their point of view and their under-standing of the correct and necessary way of carrying out the Moscow Decision on Korea. Our opinion is that:

(a) The Moscow Decision of the Three Ministers must be carried out in the minutest details. The Korean people with the aid of their great Allies must get their government and achieve independence.

(b) The Representatives of the Soviet Command have already stated and are repeating their statement that the government must be created with the advice of democratic parties and social organizations.

Previous to consultation we feel that we have to know with whom to consult. For this reason we have included point 1 in our proposal, which reads: "Democratic parties and social organizations to be consulted by the Joint Commission must be officially recognized." Promoting this condition the Soviet Delegation believes that consultations on such an important question must not be held with separate individuals and small groups, but with democratic parties and social organizations. Democratic parties and social organizations must be widely known to the Korean masses by their programs, published and fought for, by their press and by their connections with the people. Only such parties have the right to participate in consulting the Joint Commission. The American and Soviet commands must be informed on the activities of those parties and social organizations which act quite openly in the

U.S. translation
#15. Soviet Document
& tr.

- 1 -

Secret

DECLASSIFIED
State Dept Instr. 12 Apr and 8 July 1976
By Fwelshw   NARS, Date

〈그림 3〉 러시아의 제안 목록 15 공동의제 제1항 관련 공동분과위원회 보고서에 대한 소련 사령부 대표들의 제안과 의견(미국23)

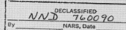
DECLASSIFIED
NND 760090
By _____ NARS, Date

have him sit on a court and try me for murder.

GENERAL SHTIKOV: I think that we should cease arguing because it is of no use. The public will be the judge.

GENERAL BROWN: That is the reason why we should issue a communique,

GENERAL SHTIKOV: I am not against issuing a Joint Communique.

GENERAL BROWN: The American Delegation will publish one prepared by it. The Soviet Delegation may publish the communique prepared by it.

GENERAL SHTIKOV: This is the concern of the Soviet Delegation.

2. <u>Approval of the List of Representatives of Democratic Parties and Social Organizations for Oral Consultation with the Joint Commission.</u>

This item on the agenda was not discussed.

3. <u>Approval of the Order of Oral Consultation.</u>

This item on the agenda was not discussed.

4. <u>Setting of the Time of the Next Meeting.</u>

The time of the next meeting was not set.

ALBERT E. BROWN
Major General, U.S. Army
Chief of the American Delegation

T. F. SHTIKOV
Colonel General
Chief of the Soviet Delegation

〈그림 4〉 미소공동위원회 제42차 회의록(미국27)

ENCLOSURE "A"

From: CINCFE, Tokyo, Japan
To: Joint Chiefs of Staff
Nr: C 54133   18 July 1947

The following message from Gen Hodge is forwarded:
"Subject is policy in Korea.

"I am deeply concerned about future Korean policy. Based
upon performance to date, I feel sure that the United States-
USSR Joint Commission will fail, with the breakup coming when
the Kremlin gives the order. So far as I can determine there
is no change whatever in the Soviet stand from former days and
there is every evidence that the Soviet side of the Marshall-
Molotov correspondence was just so many words. I am sure the
Soviet delegation is under orders to get Korea as a Soviet
satellite as closely or more closely tied than are the European
statellites. Failing that North Korea is to be kept. Right
now they are using the whip on the 'trusteeship' quarrel among
Koreans in efforts to keep out all but Communist consultees.
If they give in on this issue, which I doubt, they will break
on some other issue.

"We have wasted well over a year on South Korean rehabilita-
tion in attempts to placate the Russians and to make the Moscow
decision work. While in Washington I had many discussion on what
to do if adherence to the Moscow decision fails to solve Korean
independence. When the Joint Commission fails in current
negotiations, there can be no question about the abrogation of
the Moscow decision. It is ended and the United States should
so announce. In the meantime, although there has been much talk
and many rumors and press statements about future plans for South
Korea, there is so far no definitive directive for procedure.
When the Joint Commission fails, Americans in Korea will fail wit
it, unless we are set to move quickly and confidently both to   "

SWNCC 176/27   - 177 -   Enclosure "A"

〈그림 5〉 3부조정위원회 보고서 미국의 한국 정책(미국30)

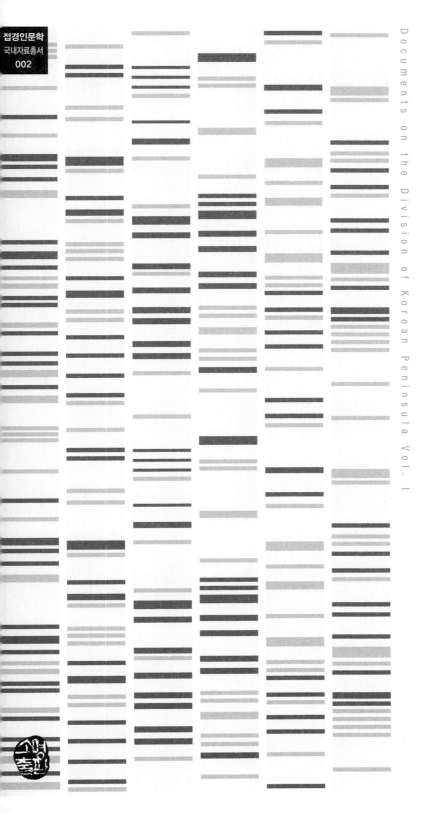

접경인문학
국내자료총서
002

한반도 분단 관계 자료집 1

Documents on the Division of Korean Peninsula Vol. I

고려대학교 민족문화연구원 북한아카이브센터 엮음

　최근 글로벌화의 진전에 따라 상이한 문화와 가치들이 국경은 물론 일체의 경계를 넘어 무한 이동하고 있다. 이러한 분위기 속에서 활발히 진행되고 있는 국경연구Border Studies에서 국경의 의미는 단순히 중심에 대한 대립항 내지 근대 국민국가 시대 '주권의 날카로운 모서리'로 이해되는 경향이 강했고, 사회적 상징물의 창안에 힘입은 집단기억은 국경의 신성성神聖性과 불변성을 국민의 마음속에 각인시켰다.

　이처럼 지금까지의 국경 관련 연구는 침략과 저항, 문명과 야만, 가해자와 피해자라는 해묵은 담론을 반복적으로 재생산했는데, 이런 고정된 해석의 저변에는 '우리'와 '타자'의 경계에 장벽을 구축해온 근대 민족주의의 이데올로기가 깔려있다. 즉 민족주의의 렌즈로 바라보는 국경이란 곧 반목의 경계선이요, 대립의 골짜기였다.

　그러나 이러한 해석은 단순히 낡았을 뿐 아니라 역사적 사실을 외면한 일종의 오류에 가깝다. 분단과 상호배제의 정치적 국경선은 근대 이후의 특수한 시·공간에서 국한될 뿐이며 민족주의가 지배한 기존의 국경연구는 근대에 매몰된 착시에 불과하다. 역사를 광각으로 조망할 때 드러나는 국경의 실체는 다양한 문화와 가치가 공존하는 역동적 장소이자 화해와 공존의 빛깔이 짙은 공간이기 때문이다.

　HK+ 접경인문학연구단은 이러한 연구의 한계를 넘어 담론의 질적 전환을 이루기 위해 국경을 '각양각색의 문화와 가치가 조우와 충돌하지만 동시에 교류하여 서로 융합하고 공존하는 장場', 즉 '접경Contact Zones'으로 재정의하고자 한다. 본 연구가 제시하는 접경공간은 국경이나 변경 같은 '외적 접경'은 물론이요, 한 사회 내에 존재하는 다양한 정체성 — 인종/종족, 종교, 언어, 생활양식 — 간의 교차지대인 '내적 접경'을 동시에 아우른다.

그리고, 바로 이러한 다중의 접경 속에서 통시적으로 구현되는 개인 및 집단의 존재방식을 분석하고 개념화하는 작업을 본 연구단은 '접경인문학'으로 정의했다. 접경인문학은 이상의 관점을 바탕으로 국경을 단순히 두 중심 사이의 변두리나 이질적 가치가 요동하는 장소가 아닌 화해와 공존의 접경공간으로 '재'자리매김하는 한편 현대사회의 다양한 갈등을 해결할 인문학적 근거와 모델을 제공하고자 한다. 우리 연구단은 이런 인식을 바탕으로 다양한 정치세력과 가치가 경쟁하고 공명하는 동아시아와 유럽의 접경공간을 '화해와 공존'의 관점에서 비교분석하고자 한다.

본 연구는 시간적으로는 전근대와 근대를 모두 담아내며, 접경공간에 덧입혀졌던 허위와 오해의 그을음을 제거하고 그 나신裸身을 조명할 것이다. 접경인문학연구단은 이와 같은 종적·횡적인 학제간 융합연구를 통해 접경공간에 녹아 있는 일상화된 접경의 구조와 양상을 살피면서 독자적인 이론과 방법론을 제시하고자 한다.

연구 아젠다의 방향을 '국경에서 접경으로' 설정한 연구단은 연구총서 및 번역총서, 자료집 등의 출간을 통해서 축적된 연구 성과를 국내외에 확산시키고 사회에 환원할 것이다. 본 연구서의 발간이 학술 연구기관으로서 지금까지의 연구 활동을 결산하고 그 위상을 정립하는 자리가 되었으면 한다.

2019년 8월

중앙대·한국외대 HK+ 접경인문학연구단장

차용구 교수

서문

　『한반도 분단 관계 자료집』 1 · 2는 한반도 분단에 관련된 자료들 중 미국, 러시아, 중국 문서보관소에 소장된 자료들을 수집하고 번역한 1차 결과물이다.

　본 자료집에 수록된 미국 사료 32건은 트루먼대통령도서관Harry S. Truman Presidential Library & Museum에서 수집한 1건을 제외하면 모두 미국 국립문서기록관리청National Archives and Records Administration, NARA에서 수집한 자료이다.

　국립문서기록관리청은 1934년에 국가기록원National Archives으로 처음 출발했다. 1984년 제정된 기록관리법the Records Administration Act에 따라 1985년 4월 1일부터 독립기관인 국립문서기록관리청으로 발돋움하였다. 국립문서기록관리청은 워싱턴 DC와 메릴랜드주 컬리지파크College Park의 본관 2개와 지역문서관들, 대통령기념도서관 13개, 연방기록센터 Federal Records Centers 16개 등으로 이루어져 있다. 현재 603개의 문서군 Record Group(RG)을 포함하여 100억 쪽 이상의 문서, 120억 개 이상의 지도와 표, 500억 개 이상의 사진, 30만 개 이상의 영화필름, 40만 개 이상의 영상과 음성 녹음, 약 133테라바이트의 전자 자료를 소장하고 있다.

　31건의 국립문서기록관리청 자료는 문서군 43, 59, 165, 218, 341의 문서들로 구성되어 있는데, 자료의 성격으로 분류하자면 제2차 세계대전 시기 한국에 대한 조사보고서들과 신탁통치 논의 관련 사료가 7

건, 3부조정위원회 보고서 관련 사료가 4건, 미소공동위원회 관련 사료가 20건 수록되어 있다. 북한아카이브센터는 카이로회의, 테헤란회의, 얄타회의, 포츠담회의, 모스크바3상회의, 미소공동위원회 등 일련의 과정을 통해 한반도의 분할이 결정되고, 소련과의 논의를 거쳐 단순한 분할이 점차 분단으로 고착화되는 흐름을 보여주는 사료들을 중점적으로 선별, 수록했다. 이를 통해 독자들이 제2차 세계대전과 전후 시기 미국의 한반도 정책을 추적해보고, 한반도 분단의 원인, 나아가 한국전쟁의 기원을 거시적으로 이해하는 데 도움이 되길 기대한다.

　본 자료집의 러시아 사료는 대부분 러시아국방부중앙문서보관소(ЦАМО)에서 수집한 문서이다. 러시아국방부중앙문서보관소는 90,000개 이상의 폰드(Ф)와 1,800만 개 이상의 젤로(Д)를 소장한 러시아 최대 규모의 문서보관소이다. 이곳에 소장된 문서들은 크게 4개의 주제 영역으로 나눌 수 있다. 그 내용은 소련 육군과 해군 소속 각종 정치기관, 콤소몰 기관 등 자료(1941~1991), 소련 국방부 소속 기관들과 국방부 하위 부서의 자료, 모든 단위의 육군부대, 철도부대 등의 자료, 소련군 내의 각종 사회단체의 자료 (노조, 당 기관 등)이다. 군사문제와 관련하여 내용 면에서 대단히 중요한 한국 관련 문서들을 소장하고 있으며 그 수량 또한 압도적이다. 그중 한반도 분단 관련 자료로는 우선 88특수여단 자료, 소일전쟁 관련 자료, 붉은군대 총정치국 자료(소일전쟁 작전 수립 및 제25군 북한 점령 정치적 사업 지원), 제1·2 극동전선군 자료(소일전쟁 수행 및 북한 점령 사업 지도), 소군정 자료, 연해주 군관구·제25군 참모부·제25군 예하 사단 자료, 민정관리청 자료, 각급 경무사령부 자료(평북, 평남, 함북, 함남,

황해, 강원, 평양을 비롯한 도시급 경무사령부 등), 주북한 군사전문가 활동 관련 자료, 주북한 군사고문단 활동 관련 자료, 스미르노프 · 쉬띠코프 · 바실리예프 · 라주바예프 등 군사고문단장의 보고서 등이 있다. 본 자료집에는 러시아국방부중앙문서보관소 소장자료 외에도 러시아연방대외정책문서보관소(АВПРФ), 러시아국립사회정치사문서보관소(РГАСПИ)와 러시아연방대통령문서보관소(АПРФ)에서 수집한 자료도 포함되어 있다.

　본 자료집의 중국 사료 77건은 모두 타이완에서 수집했다. 중국국민당문화전파위원회당사관中國國民黨文化傳播委員會黨史館에서 수집한 자료가 67건이고, 중앙연구원근대사연구소中央研究院近代史研究所에서 수집한 자료가 10건이다. 우리는 분단과 관련된 중국 자료를 수집하면서 국사편찬위원회 등 국내 기관에서 최근 10년간 활발히 수집하거나 간행물로 편찬한 대만국사관, 대만고궁박물원 등이 소장한 자료 등은 우선 배제했다.

　'중국국민당문화전파위원회당사관'은 중국국민당 문화전파위원회에 소속된 당 관련 기록물을 보존하고 있는 당사관이다. 당사관에는 국민당 당사 관련 자료인 국민당 연혁 기록물, 당무 회의 및 조직 기록물, 특종 기록물, 중요 인물 관련 자료, 도서 자료 등 300만 건 이상의 기록물을 보존 · 연구하고 있다. 중국국민당문화전파위원회당사관은 1930년 5월 1일 난징南京에서 발족한 '중국국민당중앙집행위원회당사자료편찬위원회中國國民黨中央執行委員會黨史料編纂委員會'(이하 '당사회')가 그 시초이다. 이후 여러 차례 소재지를 옮기고 명칭도 변경되었다. 1937년 중일전쟁이 발발하자 8월 당사회 소장자료는 충칭으로 이전되었다. 종전 후인 1945년

10월부터 1948년 12월까지는 소장자료를 난징에 보관했지만, 국공내전의 상황이 불리해지자 장제스蔣介石는 모든 자료를 타이완으로 이전하도록 지시했고 두 차례의 이전작업을 통해 모든 소장자료가 이전되었다. 당사회는 1972년 중국국민당중앙위원회당사위원회로 개명되었고, 1979년 7월 타이중臺中에서 타이베이臺北 근교로 이전하였다. 2000년 정권교체 후 당 기구 축소작업이 진행되면서 당사회는 당사관으로 격하되어 당중앙문화전파위원회에 속하게 되었다. 특히 중국국민당이 중국에서의 한국 독립운동을 적극적으로 지원하고, 한국의 해방과 이후 한국 정세에 관심이 많았던 관계로 당사관에는 이 시기에 생산된 한국 관련 자료들이 다수 소장되어 있다. 당사관에는 이렇게 한국 관련 자료로 분류된 '특종당안特種檔案'이 있으며, '特16'으로 구분되어 총 20종, 607건이 보관되어 있다. 국민당 당사관의 특종당안은 일반인에게 공개되고 있으나 당사관 내부 규정에 따라 당사관 관내에서만 열람할 수 있으며 복사조차도 불가능하다. 따라서 우리는 직접 당사관을 방문하여 정해진 시간에 필사하는 방식으로 작업을 수행할 수밖에 없었다.

'중앙연구원근대사연구소'는 1928년 6월 정식으로 설립되었다. 항일전쟁이 발발하기 전 중앙연구원 산하에는 난징南京과 상하이上海 두 곳에서 10개의 연구소가 설립되었다. 전쟁이 발발하자 산하 연구소는 쿤밍昆明, 구이린桂林, 충칭重慶 등지로 옮겨 다니다가 종전 후 난징과 상하이로 돌아왔다. 1949년엔 타이완으로 다시 옮겼고, 1954년엔 난항南港에 자리를 잡았다. 중화민국 학술연구의 최고기관인 중앙연구원은 인문 및 과학연구, 학술연구 지도, 고급학술 인재 배양을 담당하는 기관이다. 1955년 당안 자료 수집과 국내외 학술도서 구입 등의 업무를 수행했고,

1965년 4월 정식으로 당안관이 수립되었다. 외교부와 경제부로부터 진귀한 당안 자료를 이관받아 1999년 3월 근대사 연구 산하 원사자료 실院史資料室이 당안관에 합병되었다.

이번에 우리가 준비한 『한반도 분단 관계 자료집』 1·2는 미국과 러시아, 중국의 문서보관소가 소장한 자료를 통해 한반도 분단을 설명해 보려는 첫 시도이다.

오늘 한반도의 허리를 가르는 벽은 70년이 넘는 세월에도 녹슬지 않고 오히려 더 강고한데, 그 분단의 원인과 과정을 해명하려는 우리의 노력은 이제 막 시작일 뿐이다. 우리의 이 걸음이 지치지 않고 계속될 수 있도록 우리를 지원한 여러 선생님과 기관들에게 깊은 감사를 드린다. 이 자료집의 출간을 지원한 접경인문학연구단과 그 단장 차용구 교수에게 고맙다는 말을 전하고 싶다.

북한아카이브센터장 민경현

I. 미국

랭던 보고서
한국 독립 문제의 몇 가지 유의사항

KWUB-0081, NARA

한국 독립 문제의 몇 가지 유의사항

3급 비밀

미 국무부, 극동지역분과

1942년 2월 20일

---

1. 한국인의 사회구조와 지적 생활

한국인

한국인들은 고유한 언어, 의복, 문화, 그리고 역사를 지닌 매우 동질적이고 견고한 인종이다. 2,300만 정도 되는 한국인들 중 2,100만 명은 한국에 거주하고 있으며, 150만 명 정도가 만주에 거주하는데, 간도 지역에 집중되어 있으며(그곳의 인구 중 80%가 한국인이다) 약 50만 명이 일본에 살고 있다. 일본이 점령하고 있는 중국 도시들에도 그다지 중요하지 않은 한인 공동체가 존재한다. 우수리와 시베리아 연해주 지역에도 다수의 한국인들이 있었으나, 1936~1938년 사이에 소련의 중앙아시아로 이주했다. 한국 문제에 있어서 이들은 더 이상 고려 대상이 아니다 (위의 두 시베리아 지역 현재 인구의 95%가 유럽인이다).

한국 사회

한국은 압도적으로 농업사회다. 전체 한국 영토에서 대도시는 6개를 넘지 않으며, 서울을 제외한 나머지 도시들은 비대해진 시장이 들어선 마을 수준에 머물러 있다. 일본인들만이 전문적인 요직을 차지한 채 공공서비스, 기간산업, 은행, 대기업 등 거의 모든 분야를 관리하고 있으므로 한국인들은 농업, 사무직, 소규모 자영업, 어업, 가내수공업, 그리고 중노동에만 종사하고 있다. 따라서 한국은 지주, 농부, 농장주, 상인, 장인, 어부, 채집꾼, 노동자, 점원, 그리고 최하급 민정 공무원과 전문직 종사자들로 이루어진 사회라고 볼 수 있다. 여기에는 세 가지 주요 계층이 존재하는데, 소수의 최상층은 지주 및 전문직 남성들이며, 이보다 좀 더 많은 중간층은 점원, 자영업자, 장인, 하급공무원들을 포함하는 식자층이다. 그리고 나머지 대다수 사람이 최하층을 이루고 있다. 이 최하층의 부류들은 예의를 갖춘 온화한 성격을 지니고 있으나 가난하며 지적 수준은 떨어진다.

한국인의 지적 생활

세 계층 중 상위 두 계층은 꽤 활발한 지적 생활을 하고 있다. 연장자들은 전통적인 중국식 고전 교육을 받았고, 상대적으로 젊은 세대는 일본이 관립학교 제도와 (대부분 미국의) 선교단체 교육기관 모두에 대해 일본어를 공식 언어로 지정하였기에 '국어'를 학습해왔다. 물론 두 계층 모두 어려서부터 학교에서 금지하는 한국어를 집에서 배웠기 때문에 중국어, 일본어를 제외하고 한국어도 읽고 쓸 줄 안다. 일본의 정부 발간문과 일간지, 그리고 서점과 가판대는 일본어 책과 잡지로 채워져 있지만, 두세 개의 한국어 신문들도 발간된다. 게다가 한국의 식자층은 대체로 2개 국어가 가능한 사람들이므로 언론정보와 일본 사상을 접할 수 있으며 이를 의욕적으로 받아들이고 있다.

정치 사상

정치적 문제에 대한 한국인 식자층의 진정한 감정이 무엇인지 알아내기는 쉽지 않다. 일본에 대한 충성심을 제외한 다른 감정들은 일반적으로 잘 드러나지 않기 때문이다. 표현의 문제를 제쳐두고라도 반역적인 견해를 지녔다고 의심이라도 받게 되면 끊임없는 고문을 비롯한 경찰 심문을 받게 될 뿐만 아니라, 한국에서 활동할 가능성 자체를 잃게 된다. 더욱이 많은 수사관과 정보원들이 활동하고 있기에 한국인들은 적아敵我를 구별할 수 없으며, 그 결과 논쟁적인 문제에 대해서는 침묵하는 것이 미덕이라고 여기게 되었다. 2, 3종의 한국 간행물들은 매우 상세히 검열되는 반면, 일본 언론사는 일본인들의 관점을 대변한다. 하지만 전자의 경우 중앙 및 지방 정부들과 연결된 소수 한국인들이 총독의 자문위원으로 임명되어 있어서 논쟁적이지 않은 성격의 작은 불만 정도는 드러낼 수 있다. 한편, 한국인들 사이에서 친일 감정 표현은 매우 빈번한데, 그것이 인적 학대로부터 어느 정도의 자유를 보장해주고 물질적으로 도움이 되는 경우가 있기 때문이다. 그러나 한국인들은 때때로 절망이 극에 달한 순간에는 은밀하게 본심을 표현하는데, 이러한 감정의 분출을 통해 살펴보건대 친일적 태도들이 대부분 거짓이거나 진실하지 않다는 점이 분명하다.

2. 일본에 대한 한국인들의 감정

사건들에 대한 분별력 있는 판단이 청소년기부터 가능하다고 본다면, 50세를 넘긴 한국인들만이 독립 한국을 기억하는 상황이 된다. 심지어 1919년 '만세' 반란rebellion*과 함께 끝난 일본군 통치(1905~1919)의 폐단을 기억하는 가장 젊은 한국인들이 이제 40대에 들어섰다. 30대 이하의 사람들은 일본의 지배 말고는 아무것도 기억하지 못한다. 한국의 민족주의를 방해하는 이런 요소들 외에도 1931년 이후 국제 문제에서 일본의 근본적인 입장 변화가 있었다. 1931년 이전엔 많은 한국인들의 비통함이 자신들이 열등한 인종의 지배하에 놓여 있다는 생각으로부터 비롯되었다. 1931~1932년 한국인들은 일본이 중국으로부터 만주를 빼앗을 수 있을 뿐만 아니라 서양 열강의 장악을 극복하고 저항하는 것을 목격하면서, 자신들이 위대한 국가의 일부분이라는 생각을 갖게 되었다. 하지만 더 주목해야 할 점은 만주사변 이후 한국인들이 물질적인 이득을 누리게 되었다는 것이다. 1932년 시작된 일본의

---

* 일본 군정의 폐해는 모든 행정 관청에 좀 더 사려 깊은 통치를 청원하는 잘 조직된 대중운동을 불러일으켰다. 그것은 경찰들에게 알려지지 않았고, 적당한 때에 군중은 지역 관청에 집결해 '만세'를 외치며 청원했다. 이어서 한국 군중은 공공장소에서도 '만세'를 외쳤다. 정부는, 미국이 일본에게 이러한 사태가 미-일 관계에 악영향을 미칠 것이라고 논평할 만큼 무자비한 방법들로 이 운동을 탄압했다. 그러나 한국인들의 주장은 관철되었고, 운동이 진압된 후 민정이 들어섰다.

경제적 부흥과 함께 한국 쌀(한국은 단일 곡물 생산국가이다)과 논, 채굴된 금의 가격이 치솟았고 전반적으로 풍요로운 시기가 한국에 자리 잡았다. 게다가 일본인들은 한국인들의 만주 개발 참여를 허용했다. 한국인들이 새로운 땅에 정착하는 데 도움을 주고 중국인 소유의 농경지를 얻게 해주고 상업 회사들에 자금을 선급해 주었을 뿐만 아니라 한국인들은 한국에서 얻을 수 있는 자리보다 더 높은 공직에 임명됐다. 그러므로 한국 사회에서는 보다 폭 넓은 기회가 다수의 소작농들을 비롯해 식자들에게 열렸으며, 그 결과 일본에 대한 인식은 증오스러운 압제자에서 벗어나 한국인들에게 이익을 주는 자들로 점차 바뀌었다. 이것과 관련해서 베이징-톈진과 만리장성 사이 비무장 지대의 일본인들이 한국인들에게 돈벌이 기회를 준다는 말이 생겨났을 정도다. 1934~1935년 일본군이 중국 관세 기구들을 무장해제시키고 그들의 활동을 막으면서, 일본 정부는 중국 관세 장벽을 넘어서 화물을 운반할 다수의 한국인 밀매업자들을 고임금에 고용했다.

만주사변 이후 1938년 장고봉 사건과 1939년 소련과의 노몬한 사건*이 발생하면서 한국인들은 그들 지배자의 군사적 기량과 정치적 용맹에 놀라움과 경의감을 갖기 시작했다. 이와 반대로 일본의 지배로부터 구제받기 원하던 의지는 한국인들의 마음에 떠올랐다가 희미하게 꺼져버렸을지 모른다. 중국의 지역과 도시들을 일본이 지배하게 되면서, 한국인들에게는 다시 더 많은 이익과 도전의 기회가 열렸다.

---

* 비록 두 전투 모두 결론이 나지 않은 전투였지만(노몬한에서 일본군은 일부 지역을 잃었다), 일본에서는 일본군이 우세를 점했다고 보도되었고 실제로 이것이 사실로 여겨졌다.

물질적 이익을 위하여, 그리고 일본의 결박으로부터 구제되는 희망을 잃게 되자 한국 대중들은 1931년부터 일본 세력에 협조하면 이익을 얻을 수 있다는 것을 깨닫게 되었다. 한국에서 아마도 가장 민족주의적 색채를 띠는 기독교 세력과 여타 비타협적인 사람들을 일본화하려는 정부의 노력이었던 일상적 무관심이 점차 뚜렷해지면서 물질적으로도 불리하게 작용했고, 그 결과 이러한 노력은 상당한 효과를 보였다. 즉 적어도 표면적으로는 지난 10년 동안 한국인들은 그들의 관점이나 감정에 있어서 점점 일본인이 되어갔다.

최근 점점 명확해지는 한국인들과 일본인들 사이의 관계 회복에 대한 예시는 아마도 한국인들의 공식적인 창씨개명을 위한 일본 정부의 지속적 노력에 대한 반응에서 찾을 수 있을 것이다. 한국에서 상당했던 이 반응은 만주에서도 두드러졌다. 1939년부터 만주국 관보에서 매일같이 화제가 된 것은 만주국의 한국인 공무원 다수가 일본식 이름으로 등록한 것이었다.

지난 4년 동안 거대한 기독교 선교 구조가 붕괴한 것은 온전히 일본의 압박 때문만은 아니다. 국내 신자들이 당국과의 (황제의 모계 선조인 태양의 여신 성소에서 선교학교 학생들이 절하고 신도의식을 도우라는 요구에 관한) 이론적 분쟁에서 선교사들의 입장을 만장일치로 지지한 것은 결코 아니었다. 그리고 이 분쟁이 절정에 달했을 때 한국인 신도들은 개인적 이익, 두려움 또는 정직한 신앙을 이유 삼아 그 세력들과 손을 잡았고 점점 일본 정책에 대한 분쟁에 연루된 학교와 기관들을 인수하기 시작했다.

1940년 한국에서 30년을 지낸 한 선교사는 한국인들의 일본을 향한 일반적 감정이 지난 3년 동안 심오한 변화를 겪었고 하나의 영웅숭배가

되었다고 말했다. 그가 말하길 특히 젊은이들 사이에서 미국 선교사들에 대한 동조가 점점 줄어들고 있는 것이 눈에 띈다는 것이다. 또 다른 선교사는 한국인들이 '만세운동' 시기에 가지고 있었던 적대적 감정들을 상당히 잃어버렸다고 단언했다.

한국과 일본 체제를 모두 경험한 한국의 어느 사업가는 적어도 '영웅 숭배'가 정착되기 전인 1935년부터는 한국인들의 일본인에 대한 초기 악감정이 '가벼운 언짢음'으로 바뀌었다고 말했다. 하지만 그가 덧붙이길 한국인들이 왕조 시대에 있을 때보다 현재 민족과 민족 연대에 대한 자부심을 갖고 있다고 말했다.

앞서 언급한 표면적인 동조와 많은 한국인들의 일본에 대한 협조는 단지 상황에 따른 자연스러운 결과일 뿐이며, 이를 한국인의 탓으로 돌릴 수는 없을 것이다. 한국인들은 조상의 땅에서 가능한 한 더 나은 생활을 꾸려가려는 것일 뿐이며, 오랜 시간 경험으로 일본인들에게 협조하고 친일을 하는 것이 그 목적을 위한 유일한 방법임을 깨닫게 되었다. 하지만 이 동조와 협조는 단지 표면적일 뿐이며, 그 기저에는 일본인에 대한 사랑보단 오히려 분통함이 있을 것으로 생각된다.

일본인들은 기본적으로 한국인들을 불신하고 경멸한다. 모든 친일 행위들에도 불구하고, 한국인들에 대한 일본인들의 지속적 불신에 대한 예시는 ① 매우 제한된 수의 자원입대자를 제외하고는 한국인의 일본군 입대를 지속적으로 거부해온 것(일본군 전체에 기껏해야 수백 명). ② 아주 드문 경우를 제외하고 총기를 사용하는 스포츠 금지. ③ 소위 한국의 반대 불평분자들을 짓밟기 위한 거대 내부 고발자 체제와 경찰에 의한 공포 조장 등이 있다. 일본인들 사이에서도 한국인 혐오가 분명한데,

이는 예컨대 사실상 둘 사이의 결혼이 거의 없는 것, 한국인과의 유대감 또는 사회적 교류도 없는 것, 일본인들이 한국인들을 모욕하려 할 때 쓰는 명칭 등에서 찾아볼 수 있다. 일본인들은 상대방에게 시비를 걸고 싶을 때 "어떻게 된 거야? 너 조선인이야?" 또는 "너 조선인 금붕어 아냐?"와 같은 말을 사용한다.

반면에 한국인들은 일본을 향한 지속적인 증오를 동화에 대한 고집스러운 저항으로 드러내고 있다. 한국인은 피할 수 있다면 절대 일본어를 사용하지 않을 것이다. 이들은 민족의상을 포기하라고 강요하는 정부 정책에 저항한다. 이들은 일본 회사를 찾지 않는다. 그리고 일본이 허용하는 가능한 범위까지 전통적 방식대로 삶을 살아갈 것이다. 조국에서 어떠한 위치에서도 배제되는 것과 같은 피해는 ― 말 그대로 일본은 37년간의 통치 동안 단 한 명의 한국인에게도 저명하고 권력 있는 자리를 허락하지 않았다 ― 뇌리를 떠나지 않는다. 의료 선교사들은 한국 지식인들 사이에 신경증적 위기와 분노가 흔했다고 말했다. 이러한 히스테리 상태에서 한국인은 종종 자신들이 가장 행복하지 않은 사람들이며, 본인은 또 그 사람들 중에서도 가장 행복하지 않다고 한탄할 것이다.

한국인들의 민족주의는 이따금 과격한 방식으로 표출되는데 아래 사례들을 통해 확인할 수 있다. 한국인들은 우수한 체격을 가지고 있고, 1936년 올림픽에서 일본팀 구성원의 상당수가 한국인이었다. 일본팀을 구성하기 전에 한국 선수들은 분리된 국가대표팀으로서 참가하고 싶어 했지만, 일본은 이를 허용하지 않고 한국 선수들을 자신들의 팀에 포함시켰다. 마라톤 경기의 우승자는 한국인이었다. 그 소식이 한국에 전해졌을 때, 이는 민족적 경사였다. 이 일이 있고 난 직후, 가장 유력한 한국어 일간지인 동아일보의 편집자는 사진 속 마라톤 우승자의 가슴에 있던 욱일기를 한국의 국기로 바꾸었고 그것을 전면에 인쇄하여 내보냈다. 이 일자의 신문이 어느 정도 유통된 뒤 기사는 몰수되었다. 경찰이 이 이야기를 엄하게 단속했기 때문에 기자와 인쇄담당자가 애국적 돌출 행위로 인해 어떠한 대가를 치렀는지 전혀 알려지지 않았다.

압록강 상류에 인접한 만주 국경 지역과 중국 지방의 산악지대와 삼림 요새에는 한인 혁명가들의 무장조직이 아직도 한국 독립을 위해 일본과 투쟁하고 있다. 일본의 억압에 고통받는 사람들, 애국심이 강한 젊은이들, 무법자들로 이루어진 사람들을 모집해 이끌어온 저항은 이를 근절하려고 애쓴 일본인, '만주국'의 모든 노력과 군사 수색을 견뎌왔다. 이 단체들은 후에 논의될 것이다.

만약 한국인들에게 독립을 얻는 것과 일본에 종속되는 것 중 하나를 선택하게 한다면, 그들에게 허락되지 않은 일본인으로서의 완전한 시민권을 얻는다고 해도 이들은 아마 만장일치로 독립을 선택할 것이라고 믿을 만하다.

독일과 러시아에서처럼 한국 청년들이 학교, 대학과 청년 단체에서 지나치게 세뇌되어 일본의 목표에 동조한다는 주장이 나올 수 있다. 이러한 의견은 옳지 않은 것 같은데, 한국 중년 세대뿐만 아니라 젊은이들 모두 일본이 아니라 한국이 자신들의 나라라고 생각하기 때문이다. 한편으로는 한국인들이 최근에 경제적으로 안정되어 왔기 때문에 독립이라는 혼란스러운 변화를 달가워하지 않으리란 의견이 있다. 그러나 이 주장도 마찬가지로 옳지 않은데, 한국인들은 상대적 풍족함을 원하는

것이 아니라 현재 일본인들의 재산인 한국의 자원, 부와 기회를 완전히
소유하기를 원하기 때문이다.

3. 한국의 독립 문제

투표로 문제를 처리한다면, 한국인들이 만장일치로 독립을 선택할
것이 분명하지만 독립에는 많은 현실적 어려움과 애로사항들이 존재한
다. 이는 정치적, 군사적, 경제적인 것으로 분류될 수 있을 것이다.

정치적 어려움

37년간의 일본 통치 동안 한국인들이 정치적으로 무기력했다는 것
을 명심해야 한다. 중앙과 지방 정부, 외교, 재판, 법, 경찰, 금융, 은행,
교육, 통신, 선박 등 모든 분야에서 그들의 참여가 배제되었기에 독립이
주어진다 해도 한국인들은 나라를 운영하는 경험이 부족할 것이다.

군사적 어려움

일본인들은 한국인들의 군복무 혹은 무기 소유를 절대 허용하지 않
았다. 일본인들은 한국인들에게 스스로를 보호하는 법을 가르치거나
한국인들이 독학하는 것도 허용하지 않았다. 그래서 전체 한국인 중 수
십 명만이 새총을 가지고 있을 뿐, 이를 제외하고 소총이나 권총을 장전
하거나 조준할 수 있을지 의심스럽다. 더욱이 수십 년간 보호를 받아온
한국인들은 자기방어에 대한 개념이나 깊은 의지가 없다.

경제적 어려움

관리 측면에서 일본인은 모든 은행, 대기업, 기계 제조, 공학기술, 수입, 수출, 도매, 선박 등의 부문에서 한국인을 배제해왔기 때문에 한국인들은 현대 경제 체제에 익숙치 않다. 더욱이 한국경제는 철저히 일본경제에 통합되었고, 특히 한국경제의 주축이 되는 쌀과 같은 한국산 생산품들이 일본 자유 시장에서 비싼 값에 잘 팔렸다. 일본경제로부터의 한국경제 분리와 경쟁 체제 적응은 어렵고도 고통스러운 과정을 수반할 것이다. 하지만 한국경제는 확고한 기반을 보유하고 있다. 인접국들이 한국산 쌀 없이는 연명할 수 없으며 한국의 쌀은 그 나라들이 수입하기에 충분한 가치가 있다. 연간 5천만 달러의 가치에 달하는 한국의 금 채굴은—한국인들은 능가할 자가 없는 대단한 금광업자들이며 금 생산은 일본의 도움 없이도 현재 수준을 유지할 것이다—미국과 여타 국가들과의 무역 적자를 메우는 데 필요한 비용을 마련하기에 충분할 것이다.

정치 경험 부족과 무방비함 때문에 한국인들이 처음에는 그들의 나라를 운영하는 방법도, 그들을 다시 지배하려는 시도로부터 자신들을 보호하는 방법도 모를 것이라는 점, 그리고 한국이 현대 사회 체제로 나아가기 위해 적어도 한 세대 동안은 더 큰 나라로부터 보호받고, 인도받고, 지원받아야 한다는 점은 분명하다. 그러나 한국인들이 보호받고, 인도받고, 지원받아 지금까지 얻을 수 없었던 독립과 그들만의 고유한 문화적 방식에 따라 발전할 기회를 얻어야 한다는 점은 의심의 여지가 없다. 한국인들은 똑똑하고 재빠르며 학습 의지가 있고 진보적이며 애국심이

깊다. 사심 없는 보호와 인도, 지원이 제공된다면 그들은 한 세대 안에 그들의 힘으로 일어설 것이며 세계 번영과 발전에 이바지할 것이다.

4. 독립 절차

현시점에서 한국 내 구체적인 독립운동 같은 것을 기대하거나 믿어서는 안 된다. 언급했듯이 사람들에 대한 경찰의 감시가 너무 심해서 그러한 움직임들이 조직되거나 효력을 발휘하는 것이 굉장히 어렵다. 이런 이유로 독립 준비는 해외에서 진행되어야 하며, 한국 내 대표자들과의 연락이 유지되어야 한다. 독립을 위한 조직이 만족스러울 때, 즉 조직이 후원 정부를 납득시킬 때, ① 상황에 따라 최대한 대의제적이며, ② 한국의 명망 있는 지도자들의 지지를 받으며, ― 이 지도자들은 주한 미국인들에게 알려져 있는 사람이다 ― ③ 상당한 추종자들이 따르며, ④ 자조自助하며 UN의 이상을 긍정적 방식으로 준비하고 실행할 수 있을 때, 비로소 후원 정부는 미국, 영국, 중국, 소련 정부*와 한국의 독립 선언을 연합국의 전쟁 목표 중 하나로, 조직을 한국 임시정부로 인정하는 것에 대해 협의할 수 있을 것이다. 중국과 소련은 한국 독립의 실질적 측면에 주로 관심을 두기 때문에 제3의 정부가 후원하는 여타 독립 계획에 대한 이들의 승인이 필수적이다. 연합국의 승리 후, 국가 헌법을 도입하고 입헌 정부를 세울 때까지 한국에 임시정부를 설치하고 국제

---

* 만약 소련이 계속 일본과 평화를 유지한다면 소련은 선언에 참여하길 원치 않을 것이기 때문에 선언에는 소련의 서명이 빠지게 될 것이다.

적인 위원회를 통해 나라를 관리할 수 있을 것이다. 처음부터 후원 국가들은 한국인이 아닌 이들이 더 이상 필요없다고 생각할 때까지 기능할 수 있는 국제적 위원회를 위한 조항을 만들어야 한다.

미국은 결코 성급하게 한국 독립을 선언하거나, 한국의 그림자 조직을 한국 임시정부로 인정하거나, 중국, 러시아, 영국과 협의하기 전에 그리고 최소한 중국과 영국이 동의하기 전까지 결정해서는 안 된다. 그리고 무엇보다도 미국은 일본에게 압도적으로 승리하기 전까지 독립 약속을 피해야 한다. 만약 우리가 일본에게 우리 자신의 소유물을 빼앗겼기 때문에 어느 아시아 인민들의 독립을 약속한다면, 이는 한국인들에게 해가 되고 일본과 그 동맹국들에 큰 웃음거리를 주며 다른 연합국들을 자극하는 꼴이 될 것이다.

5. 독립 전 임시조치들

정치적

우리를 귀찮게 하고 있으며 앞으로도 그렇게 할 것은 이러한 한국인 단체이고, 한국 독립에 대한 우리 입장 표명과 어떤 특정 집단을 한국 임시정부로 인정하기 위해 자유 한국을 대변한다는 주장이다. 우리는 독립에 대한 희망을 꺾지 않아야 하지만 상황이 보다 선명해지기 전까지 이와 관련해 어떠한 성급한 약속도 피해야 한다. 이 집단들에게 피종속민의 자유에 대한 일반적인 문제를 담은 국가 정책 선언을 암시하는 것 이상으로 나아가서는 안 된다. 특히, 우리는 1941년 8월 14일 영미

합동선언 제3조에 관심을 기울이도록 촉구할 수도 있다. 이 제3조는 "스스로 그 속에서 영위할 정부 형태를 선택할 모든 인민의 권리에 대한" 우리의 "존중"과 "주권과 자치정부를 강제로 빼앗긴 사람들에게 그 것들을 회복시켜 주는 것에 대한" 우리의 "소망"을 의미한다.

이후 전쟁의 진행 과정 속에서 분명해졌을 때, 우리는 한국의 독립에 관한 구체적인 입장을 제시할 수 있을 것이며, 몇몇 요인들을 통해서 우리가 한국의 독립운동을 긍정적으로 지지한다는 점을 자유 한국의 대표들에게 알릴 것이다. 이 요인들이란 ① 독립을 위해 노력하는 모든 한인 집단들을 위하여 완전한 권위로써 발언할 위원회를 통합해 조직할 능력, ② 한국의 독립과 적의 패배, 그리고 긍정적인 전쟁 노력을 확장시키기 위한 자유로운 한국인 조직의 능력, ③ 여타 열강들의 태도로 설명될 수 있다.

군사적

자유로운 한국인 집단들이 전쟁 노력에 대해 기여할 수 있는 바는 우리 군 당국이 검토할 문제이다. 이와 관련해서 우리 군 당국은 중국에서 지원병으로 불리는 한국인들에 중요한 의미를 부여하지 말아야 한다. 이 지원병들은 수적으로 중요치 않으며 대체로 신뢰받지 못하는데, 이는 중국에 있는 한국인들이 대개 무뢰한이거나 일본 추종자였기 때문이다. 대신 당국은 확실한 한국 부대들과 접촉하여 이들을 재조직해야 하며, 만주 내 간도와 안동 지방의 혁명가들, 무법자들, '불평분자들'을 무장시켜야 한다. 이 분자들은 소수로 활동하며, 때로는 독립 부대로서 때로는 중국 게릴라들과 결합해 수년에 걸쳐 일본인과 '만주국' 세력과 싸워왔기에 탁월한 전사이며 신뢰할 만한 동맹이다. 동만주 광야의 두 '불평분자' 두목들은 특별히 주목할 만하다. 이들의 이름은 김(이름은 미상)과 최현Tsui Hsien이다. 일본과 '만주국' 전초기지에 가한 그들의 공격은 만주의 검열된 신문에 보도될 만큼 중요했고, 그러한 반복적인 보도는 김과 최가 그들에게 파견된 수색대의 상대가 되었음을 시사한다. 김과 최의 군대는 기껏해야 최대 삼사백 정도로 소규모인데 그들의 활동 범위는 한국 국경까지 다다르기 때문에 한국 민족주의 군대의 중심부를 형성한다.

02

카이로회의에 관한 테헤란 아미라바드 기지에서의 루스벨트 담화문

KWUB-0082, Harry S. Truman Presidential Library & Museum

대통령 비공식 담화

이란, 테헤란, 아미라바드 기지 요원들에게

1943년 12월 2일

장병 여러분.

저는 이 순간 철저히 전쟁 무기(마이크두대)로 무장한 것 같습니다. 3년 전 여러분이 저에게 혹은 제가 여러분에게 우리가 오늘 이란에서 만날 것이라 말했다면, 우리는 아마 우리가 완전히 미쳤다고 말했을 것입니다.

저는 소련 원수와 영국 수상을 만나 두 가지 사안을 논의하기 위해 4일 전 이곳에 도착하였습니다. 첫 번째 목표는 가능한 한 이른 시일 안에 전쟁에서 승리하기 위해 삼국 간 협조 아래 전쟁계획을 수립하는 것이었습니다. 그리고 저는 저희가 그 목표를 향한 진전을 이루어 냈다고 생각합니다.

다른 목적은 전후 세계 질서에 대해 논의하는 것이었습니다. 전쟁이 종결되었을 때, 우리와 우리 아이들이 살아갈 세계에 관한 계획을 수립하는 것이 필요하다고 생각했습니다. 우리는 이 부분에서도 상당한 성과를 얻었습니다.

물론, 가장 우선적인 것은 전쟁에서 승리하는 것이고 저는 여러분이 개인적으로나 집단적으로나 그 목표의 일부분이라는 사실을 말하고 싶습니다. 오늘 여기 계신 여러분과 멀리 이란 남부에 있는 모두가 전쟁에서 승리하기 위한 필수적이고 유용한 일부라는 사실을 항상 기억하실 수 있을 것입니다.

오늘 아침 기지에서 눈을 떠 주위를 둘러보고는 나 자신에게 "나는 애리조나나 뉴멕시코에 돌아와 있구나"라고 말했습니다. 그리고는 갑자기 우리가 얼마나 고향에서 멀리 떨어져 있는지 깨닫게 되었습니다.

미국은 당신을 자랑스럽게 생각하며, 이 먼 이국에서 여러분들이 하고 있는 일을 자랑스러워하고 있습니다. 우리는 큰 손실을 겪었지만, 나치 무리를 무찌르고 있는 우리의 동맹국들에게 필요한 장비와 보급품을 전달하는 이 작업을 다수의 우리 국민이 지켜볼 수 있기를 바랍니다.

이 일이 끝난 후, 저는 고향으로 향할 것입니다. 여러분 모두를 데려갈 수 있기를 바랍니다. 고국의 사람들은 여러분이 무엇을 하고 있는지 ―그것을 얼마나 잘하고 있는지― 알고 있습니다. 그들은 당신들을 자랑스러워하고 있습니다. 이것이 제가 말할 수 있는 전부입니다. "여러분은 가능한 한 조속히 우리의 아름다운 미국으로 돌아올 수 있을 것입니다. 안녕히 계십시오. 행운을 빕니다."

(대통령에 의해 편집됨)

03

한국에 대한 질의서 2

KWUB-0083, NARA

한국에 관한 질의서 초안

2급비밀

1944년 4월 13일

카이로 선언의 "한국인들의 노예 상태를 염두에 두고 있는 앞서 언급한 세 강대국은 적절한 시기에 in due course 한국이 자유로운 독립국가가 될 것임을 결의한다"는 성명은 영국과 미국의 정책을 제시한다고 볼 수 있다.

1. 점령 문제

1. 일본의 항복 이전에 한국에서의 전투작전이 필요하다면, 한국은 어떤 전구 사령관의 지휘를 받아야 하는가? 한국 내부 및 주변 전투부대의 구성은 어떻게 되어야 하는가?

2. 한국에 민정을 위한 군정이 수립된다면, 어떤 국가가 군정을 대표해야 하는가? 한국 점령에 참여했던 국가들의 공동 책임인가? 일부의

책임인가? 아니면 단일 국가의 책임인가? 마지막 두 가지 대안이 채택되다면 어떤 국가가 군정의 책임을 맡아야 하는가?

3. 연합군이 한국의 군정을 담당한다면 구역을 나누어야 하는가? 아니면 연합 군정이 시행되어야 하는가?

4. 이 점령은 단기적인 것이어야 하는가? 아니면 장기적인 것이어야 하는가? 민정에서는 토착 인력이나 일본의 기술 인력 활용을 고려해야 하는가? 충칭에 있었던 것과 같은 '임시정부'가 점령 정부와 연계하여 협의 또는 활용되어야 하는가?

2. 정치

1. 군정 기간 이후에 임시 국제 감독 기구 설립을 위한 특별 국제 협정이 필요할 만큼 "적절한 시기에"라는 구절이 암시하는 기간이 충분히 긴 시간인가? 아니면 점령이 끝나면 독립된 한국이 바로 세워져야 하는가?

2. 일시적인 국제 감독 이후에 독립된 한국이 세워지면, '임시정부'를 어떻게 볼 것인가? UN은 한국에서 새로운 정부 수립에 관한 협의를 해야 하는가?

3. 한국이 독립될 때, 그 독립과 통합을 국제적으로 보장해야 하는가?

4. 만약 군정의 종료에 이어서 한국이 곧바로 독립하지 않는다면, 단일 강대국 또는 강대국 집단의 지도 하에 놓여야 하는가? 어떤 강대국 또는 강대국 집단이 이 책임을 맡아야 하는가?

5. 한국에 대한 지도 기간 동안 한국인들의 바람을 어느 정도까지 들

어주어야 하며, 한국의 인력을 얼마나 활용해야 하는가?

6. 만약 한국에 임시 국제 감독기구가 설립된다면 그것의 일차적인 목적과 책임은 무엇인가? 연합국의 책임이어야 하는가? 국제기관의 책임이어야 하는가? 그리고 만약 설립된다면 연합국 지역기관들의 책임이어야 하는가? 기구는 어떻게 작동해야 하는가? 그 기구가 관리 당국인 연합국 수석 위원회를 설립하는가? 아니면 다른 유형의 기구를 설립해야 하는가?

3. 군사

1. 한국의 전략적 중요성을 고려할 때, 연합국의 육해공 기지 사용을 위해 한국 독립정부가 세워질 때 특별한 협정을 맺어야 하는가?

2. 군축을 위해 만들어질 조항들이 한국에도 적용되어야 하는가? 한국의 방위군 조직에 도움을 주는 것에 있어서 특별히 고려해야 할 것이 있는가?

3. 만약 한국이 하나 혹은 여러 국가들의 지도 아래에 있게 된다면, 그 기간 동안 지도 국가들의 군대가 한국에 주둔할 것으로 예상하는가? 만약 그렇다면 연합국이 합의하여 그 규모를 제한해야 하는가? 그 기간 동안 연합국들이 사용할 기지에 대해서 어떤 합의가 이루어져야 하는가? 이 국가들에게 한국군을 조직하고 훈련할 권리를 부여해야 하는가?

4. 경제

1. 한국에 거주하는 일본인들은 송환되어야 하는가? 아니면 잔류해야 하는가? 만약 그들이 잔류하지 않는다면 새 당국에 대한 충성과 봉사 정신을 확인한 이후에 특별히 그들을 잔류시켜 한국 산업에 도움이 되도록 해야 하는가?

2. 토지를 포함한 일본인들의 사유재산은 몰수해야 하는가? 만약 그렇다면 어떤 조건으로 몰수해야 하는가?

3. 한국 내 일본 국유재산은 어떻게 처리해야 하는가? 새로운 한국 정부에 돌려주어 적절히 처리되도록 해야 하는가? 만약 그렇다면 지휘 기간 동안 재산의 관리 책임은 무엇인가?

4. 한국에서 성장 가능한 경제 구조를 정착시키기 위한 재정과 그 외 지원을 해야 하는가? 재정 지원은 어떤 식으로 이루어져야 하는가? 해외 민간 투자자들을 통해서 이루어져야 하는가? 공채를 통해서 이루어져야 하는가? 아니면 다른 방식으로 이루어져야 하는가? 그러한 지원은 언제 시작되어야 하는가?

5. 한국의 농산물, 원자재, 공산품의 새로운 시장을 찾는데 연합국은 어떤 노력을 해야 하는가?

5. 재외 한국인

1. 만주 지역의 대규모 한국인 소수자들에게 어떤 지위를 부여해야

하는가? 간도 지방의 한국인들과 만주국 정권에 고용되어 있는 한국인들에 대해 특별히 고려해야 할 것이 있는가?

2. 현재 일본에 거주하고 있는 한국인들을 본국으로 송환시키기 위해 노력해야 하는가? 그들의 국적 결정에 있어서 어떤 원칙이 적용되어야 하는가?

3. 한국에 대하여 여러 국가들이 공동으로 지도할 경우 재외 한국인들은 어떤 국적을 가질 것이며, 어떤 외교 기관이나 영사관이 한국 문제를 책임져야 하는가?

04

한국에 대한 질의서 3

KWUB-0084, NARA

한국에 대한 질의서 초안 검토

1944년 4월 18일 오전 10시 45분

영국 대사관의 고어-부스Gore-Booth

밸런타인Ballantine, 노터Notter, 모즐리Mosely, 블레익슬리Blakeslee, 보턴Borton

영국 외무부 소속 연구부가 작성한 가까운 장래에 조사되어야 할 한국의 주제들이 포함된 질의서 초안이 고어-부스를 통해 노터에게 제출되었고, '한국에 대한 질의서'의 초안 검토와 내용 합의를 위한 비공식 토의가 개최되었다.

밸런타인은 중국의 관련 논의 참여의 타당성에 대해 의문을 제기했다. 그는 삼자 논의보다는 미국과 중국, 영국과 중국, 미국과 영국 간에 서로 유사한 쌍무적 논의가 바람직하다고 제안했다. 몇 주 안에 워싱턴으로 돌아올 중국 대사가 여러 한국 문제들에 관여하려는 조짐이 보고되었다. 고어-부스는 한국에 대한 질의서 논의에 중국이 참여하는 문제는 굉장히 흥미롭고 중요하다고 말하면서, 이 사안에 대해서 외무부의 태도를 기꺼이 견지하겠다고 주장했다. 만약 두 번의 유사한 쌍무적 논의를 중국과 진행하게 된다면, 영국과 미국은 중국과의 대화 진행 상황에 대한 정보를 당연히 공유하기로 하였다.

밸런타인은 한국 문제 논의를 중국과 함께 할 것인지에 대한 원칙 결정은 한국과 관련된 질문 목록을 사전에 승인받는 것과 반드시 관련된 것은 아니라고 지적했다. 또한 우리가 협의를 통해 만들 질문 목록을 반드시 중국에 보내야 하는 것도 아니라고 말했다. 그는 만약 중국이 처음부터 논의에 참여한다면 우리가 한국의 전체 문제와 관련해 중국과 더 가까워질 수 있었을 것이라고 지적했다. 따라서 한국 주제에 관한 중국 측의 생각을 알아내기 위해 중국 외무부에 한국에 대한 비슷한 질의서 초안을 작성해달라고 요청하는 것이 바람직하다. 밸런타인은 중국과의 대화는 충칭 이외의 지역에서 하는 것이 더욱 바람직하다고 보았다. 논의의 초기 단계부터 중국을 포함하는 것의 또 다른 이점은 다음과 같다. 만약 중국이 문제들을 효과적으로 처리할 수 있는 시기에 우리가 제안한 한국 문제의 결정에 반대한다면 중국이 어떤 부분에서 반대하는지 알 수 있다는 점이다.

담당 부서가 작성한 한국 관련 질의서 초안을 1944년 4월 18일 검토했다. 몇몇 사항들이 추가되고 원문 수정이 제안된 후, 개정 질의서 초안을 관계자들에게 배부하고 고려사항을 추가적으로 받기로 잠정적으로 승인했다.

한국에 대한 질의서 초안

2급비밀

1944년 4월 18일

카이로 선언의 "한국인들의 노예 상태를 염두에 두고 있는 앞서 언급한 세 강대국은 적절한 시기에 in due course 한국이 자유로운 독립국가가 될 것임을 결의한다"는 성명은 영국과 미국의 정책을 보여준다.

1. 해방의 정치적 측면

1. 일본의 항복 이전에 한국에서 전투작전이 필요하다면 한국 내부와 주변에서 어떤 전투부대를 구성해야 하고 어떤 명령을 내려야 하는가? 만약 필요하지 않다면 정권을 잡으려는 한국의 지역 조직들에 대한 태도는 어떠해야 하는가?

2. 한국 해방을 위해 개별적으로 혹은 무분별하게 한국에 진주할 것으로 예상되는 한국군대에 대해서 어떠한 태도를 취해야 하는가?

3. 만약 한국에 민사 업무를 위한 군정이 설립된다면 어떤 국가들이 이를 대표해야 하는가? 한국 점령에 참여한 국가들의 공동 책임이어야 하는가? 일부 국가들만의 책임이어야 하는가? 단일 국가의 책임이어야 하는가? 만약 마지막 두 대안 중에 하나가 채택된다면 어느 국가가 군정을 책임져야 하는가?

4. 만약 연합국이 한국의 군정을 담당한다면 구역별로 관리되어야 하는가? 연합 군정을 통해 관리되어야 하는가?

5. 민정은 현지 사람들만으로 구성되어야 하는가? 일부 숙련된 일본인들도 유지해야 하는가? 충칭에 있었던 것과 같은 '임시정부'가 점령정부와 연계하여 협의 또는 활용되어야 하는가?

2. 정치

1. 현재 한국인들의 독립 역량 상태는 어떠한가?
   ⓐ 문해력과 교육
   ⓑ 관직 경험을 가진 한국인의 수
   ⓒ 재외 한국인들(중국, 시베리아, 미국)의 잠재적 리더십
   ⓓ 다양한 정치 집단 간의 적절한 화합 가능성

2. 카이로 선언문의 "적절한 시기에"라는 문구가 의미하는 기간의 정도는 어떤 요소에 의해 결정되며, 현재 한국의 독립 날짜를 결정할 수 있는가? 만약 그렇지 않다면 독립의 결정이 이루어지는 시점에서 날짜가 결정돼야 하는가?

3. 문구 "적절한 시기에"가 의미하는 기간은 군사 점령 이후 임시 국제 감독기구 설립을 위한 특별한 국제적 협의가 필요할 정도로 긴 것인가? 아니면 점령이 끝난 후 곧바로 한국 독립정부가 세워지는 것인가? 대안으로 외국의 지도 체제 안에서 한국의 독립이 이루어져야 하는가?

4. 만약 국제 감독의 과도기에 한국 독립정부가 세워진다면 충칭에

있었던 것과 같은 '임시정부'에 대해서 어떤 태도를 취해야 하는가? 연합국에서 한국의 새로운 정부 설립을 준비해야 하는가?

5. 한국에 독립정부를 설립한다면 그 독립과 통합을 국제적으로 보장해야 하는가?

6. 만약 점령이 끝난 후 곧바로 한국이 독립을 얻지 못한다면, 한국의 독립쟁취 노력에 대한 책임은 단독 국가에 있는가? 혹은 여러 국가에 있는가? 만약 그렇다면 어느 국가에 있는가?

7. 한국의 국제적 지도 기간 동안 한국인들의 요구를 얼마나 받아들일 수 있고, 어느 정도까지 한국인을 활용할 수 있는가? 한국인들과 국제적 책임을 조화시킬 가능성은 얼마나 되는가?

8. 만약 한국에 임시 국제 감독기구가 설립된다면 그것의 일차적인 목적과 책임은 무엇인가? 연합국의 책임이어야 하는가? 국제기관의 책임이어야 하는가? 만약 설립된다면 연합국 지역기관들의 책임이어야 하는가? 기구는 어떻게 작동해야 하는가? 행정 당국인 연합국 수석 위원회를 설립하거나 다른 유형의 기구를 설립해야 하는가? 외국 지도 체제 속에서 명목상의 한국 독립정부가 세워질 때, 한국을 지도하는 국제 기구의 추천에 따라 한국이 고문들을 임명해야 하는가?

3. 군사

1. 한국의 전략적 중요성을 고려할 때, 연합국의 육해공 기지 사용을 위해서 한국 독립정부가 세워질 때 특별한 협정을 맺어야 하는가?

2. 군비 규제를 위해 만들어질 조항들이 한국에도 적용되어야 하는가? 한국의 방위군 조직에 도움을 주는 것에 있어서 특별히 고려해야 할 것이 있는가?

3. 만약 한국이 하나 혹은 여러 국가들의 책임 아래에 있게 된다면, 그 기간 동안 책임 국가들의 군대가 한국에 주둔할 것으로 예상하는가? 만약 그렇다면 연합국이 합의하여 그 규모를 제한해야 하는가? 그 기간 동안 연합국들이 사용할 기지에 대해서 어떤 합의가 이루어져야 하는가? 이 국가들에게 한국군을 조직하고 훈련할 권리를 부여해야 하는가?

4. 경제

1. 한국에 거주하고 있는 일본인 일부 또는 전부를 본국으로 송환해야 하는가? 특별 예외사항을 두어야 하는가? 예를 들어, 새로운 당국에 충성을 바치겠다는 맹세나 보증을 한 일본인 기술자들이라면 한국 산업체들이 계속 고용을 유지해도 되는가?

2. 토지를 포함한 일본인들의 사유재산은 몰수해야 하는가? 만약 그렇다면 어떤 조건으로 몰수해야 하는가?

3. 한국 내 일본 국유재산은 어떻게 처분해야 하는가?

4. 한국에서 성장 가능한 경제 구조를 정착시키기 위한 재정과 그 외 지원을 해야 하는가? 재정 지원은 어떤 식으로 이루어져야 하는가? 해외 민간 투자자들을 통해서 이루어져야 하는가? 공채를 통해서 이루어져야 하는가? 아니면 다른 방식으로 이루어져야 하는가? 그러한 지원

은 언제 시작되어야 하는가?

5. 한국이 일본 시장을 잃을 가능성을 고려하여 농산물, 원자재, 공산품의 새로운 시장을 찾는데 연합국은 어떤 노력을 해야 하는가?

5. 재외 한국인

1. 만주 지역의 대규모 한국인 소수자들에게 어떤 지위를 부여해야 하는가? 간도 지방의 한국인들과 만주국 정권에 고용되어 있는 한국인들에 대해 특별히 고려해야 할 것이 있는가?

2. 현재 일본에 거주하고 있는 한국인들을 본국으로 송환시키기 위해 노력해야 하는가? 그들의 국적 결정에 있어서 어떤 원칙이 적용되어야 하는가?

3. 한국 국적을 보유한 외국인들은 한국에서 어떤 지위를 가져야 하는가?

4. 한국에 대하여 여러 국가들이 공동으로 지도할 경우 재외 한국인들은 어떤 국적을 가지게 될 것인가? 그리고 어떤 외교 기관이나 영사관이 한국 문제를 책임져야 하는가?

매큔 보고서

한국 자주독립 능력 ─ 문맹률, 교육

KWUB-0085, NARA

한국 ─ 독립 역량 : 문해력과 교육

2급비밀

H-204 서문

1944년 11월 27일

과제

한국의 문해력과 교육 상태로 측정한 현재 한국인들의 독립 역량 상태는 어떠한가?

기본 요소

① 문해력. 한국의 문해력과 관련하여 일본 정부가 발표한 구체적인 통계자료는 존재하지 않는다. 신뢰할 만한 관찰자들은 약 40~60% 수준으로 추산하고 있다. 록펠러Rockefeller(재단)의 후원으로 이H. K. Lee 박사가 1930~32년 실시한 한국의 토지이용 조사 표본에 따르면 한국 시골 지역의 성인 문해력은 그 당시 35%(남성 51%, 여성 16%)로 나타났다. 교

육과 관련된 통계자료 등 접근 가능한 모든 자료를 종합하여 신중하게 분석한 결과 45%가 가장 신뢰할만한 수치라고 판단한다. 남성 문해력은 상당히 높았던 반면 여성 문해력은 훨씬 낮았다.

한국의 문자는 한국 고유의 음성 자모 26개로 구성되어 있어 굉장히 단순하다. 비록 종종 중국 문자와 한국 문자가 섞여서 출판되지만 고등 교육을 받지 못한 사람들 사이에서는 순수 한글로 이루어진 글이 훨씬 많이 통용된다. 일본 정부가 한국어를 일본어로 대체하려고 시도했기 때문에 공식적인 교육은 일본인들이 독점하고 있다. 그러한 이유로 최근 몇 해 동안 한국인들은 자신의 문자를 읽고 쓸 수 있도록 독려하려는 노력이 적었다. 한국인의 일본어 사용에 대한 1939년의 공식 통계자료에 따르면 두 변경의 도道에서는 약 10%, 수도권 지역은 20% 이상으로 다르게 나타났다. 전국 평균은 13.9%였다.

다음의 표는 비슷한 나라들의 문해력에 대한 최근 통계자료인데 한국

선정된 나라들의 문해력 비교

나라	총 인구수		문해력	
	연도		연도	추정 비율
한국 내 한국인들	1940	23,326,237	1940	45
유고슬라비아	1940	15,703,000	1931	55
포르투갈	1940	7,702,000	1930	40
스페인	1940	25,877,971	1930	57
이집트	1940	16,680,000	1927	12
브라질	1935	41,560,000	1930	30
멕시코	1943	20,623,826	1936	45
태국	1940	15,717,000	1939	60
필리핀	1938	13,601,000	1939	51

은 포르투갈, 브라질, 멕시코에 비해 높은 수준을 보이지만 유고슬라비아, 스페인, 태국, 필리핀보다는 어떤 이유에서인지 낮은 수준을 보인다.

② 교육. 한국의 한국인들에 대한 교육은 일본 식민지 정책 아래 두 가지 방향으로 발전해왔다. 첫째, 최근 몇 해 동안 급속히 성장하고 있고 잘 발달된 초등교육 제도. 둘째, 매우 제한된 중고등교육 제도. 그러나 다행히 현지 기관이나 선교 목적의 기관과 같은 민간 기관들이 한국인에게 상당한 추가 시설들을 제공했다. 당연하게도 일본에서는 일본인 학생들에 대한 교육이 한국인에 대한 교육보다 다방면으로 훨씬 더 발전되어왔다. 비록 교육 정책이 특별히 일본에 대한 애국심을 주입하는 것에 맞춰졌지만, 한국인들은 전통 지식 분야에서 적절하게 교육받아왔다.

초등학교는 일본어, 한국어, 산수, 역사, 지리, 약간의 과학, 수공예를 포함한 6년의 교육과정을 제공한다. 정규 중등학교는 다른 현대 국가들과 다르지 않은 5년의 교육과정을 제공한다. 실업 중등학교는 농업, 상업, 공학 외에 다양한 직업 교육에 특성화되어 있으며 주로 4년의 교육과정을 가지고 있다.

교육제도의 확충은 한국인 아동 약 7명 중 1명이 초등학교에 다니고 10명 중 1명이 졸업했던 1930년부터 급속히 이루어졌다. 1942년 5월 현재 최신 통계에 따르면 취학 연령 아동 5명 중 2명이 초등학교에 다녔고, 남성 교육을 중요시했기 때문에 남아의 경우 절반 이상이 초등학교에 다녔다. 1942년 5월 기준 2,000,000명 이상의 한국인 아동이 초등학교에 다녔으며 이는 1930년에 비해 3배나 증가한 수치였다.

한국 내 일본인을 위한 중등교육 시설은 훌륭하지만, 한국인을 위한 시설은 불충분하다. 1939년 5월, 한국인 남아 28,220명과 여아 11,623명(선교단체가 운영하는 비인가 학교나 비인가 사립학교 포함)이 정규 중등학교에 다녔으며, 18,201명의 남학생과 917명의 여학생이 실업 중등학교에 다녔다. 취학자 수는 1942년 5월까지 상당히 늘어났다. 남아 36,000명, 여아 18,000명이 정규 중등학교에, 28,000명의 학생이 실업 중등학교에 다녔다.

1939년 현재 5,388명의 한국인 남성과 1,131명의 한국인 여성이 대학college, university과 사범학교에 재학 중이지만 고등교육도 마찬가지로 발달되지는 않았다. 1942년에 총 취학생 수는 10,000명을 넘게 되는데, 이는 일본에서 고등교육을 받는 한국인 약 5,000명 때문에 늘어난 수치다.

다음의 표는 비슷한 나라들과 비교한 한국의 초등, 중등교육 상태를

선정된 나라들의 교육 비교

나라	연도	총 인구수	초등학생 수	인구비율	중학생 수	인구비율
한국 (한국인만)	1942	23,986,886	2,023,000	8.4	82,000*	.34
한국 (일본인 포함)	1942	24,703,897	2,119,755	8.6	140,185*	.57
유고슬라비아	1940**	15,703,000	1,474,224	9.4	177,034	.89
포르투갈	1940**	7,702,000	462,854	6.0	18,242	.24
스페인	1935	24,849,000	2,397,562	9.7	114,645	.46
이집트	1940**	15,680,000	1,064,209°	6.3	–	–
멕시코	1943	20,623,826	2,000,000	9.7	80,000	.39
태국	1940	15,717,000	1,450,000	9.2	50,000	.32
필리핀	1936	13,269,000	1,201,674	9.0	58,208	.43

* 한국인만 : 정규 중등학교 54,000명과 실업 중등학교 28,000명 / 일본인 포함 : 정규 중등학교 80,219명과 실업 중등학교 39,996명.

** 인구 수치는 1940년 기준이지만 학교는 1938~1939년 수치이다.

° 모든 학교.

상대적으로 보여준다. 한국은 어떤 이유에서인지 중등교육보다 초등교육에 있어서 다른 나라에 비해 높은 수준을 보인다.

'부록 A'에 첨부된 자료들은 1939년과 1942년 한국의 교육에 대해 각 항목별로 학교, 선생, 학생(한국인과 일본인) 수에 대한 구체적인 자료를 포함한 통계표이다. '부록 B'는 학생 수를 반영하여 1930년부터 1942년까지 한국 교육의 발전 수치를 나타낸다.

결론

한국의 문해력과 교육은 한국인들이 그들 스스로를 다스리는데 큰 장애가 되지 않을 정도로 충분히 발전되었다. 그러나 한국은 문해율이 높지 않으며, 충분한 교육 시스템이 미비하기 때문에 한국 독립 정권의 민주적 토대는 제한적일 것이다.

〈부록 A〉 한국의 교육(1939년)

	학교	선생	일본인과 외국 학생	한국인 학생	계
초등					
인가	3,372	19,693	92,892	1,218,377	1,311,269
비인가	292	1,050	-	65,025	65,025
단기	1,327	1,373	-	87,249	87,249
계	4,991	22,116	92,892	1,370,651	1,463,543
지역 초등학교	5,293	5,940	-	172,456	172,456
총계	10,384	28,056	92,892	1,543,097	1,635,999
중등					
인가	110	1,903	21,266	28,878	50,144
비인가	42	499	2,409	10,965	13,374
계	152	2,402	23,675	39,843	63,518
실업					
농업	38	428	905	8,500	9,405
상업	27	464	4233	7,847	12,080
공학	3	35	412	302	714
수산	4	33	55	364	419
직업 교육	11	169	775	2,105	2,880
계	83	1129	6380	19,118	25,498
실업 보충학교	143	411	1,074	7,017	8,091
고등교육					
종합대학(University)	1	624	350	206	556
대학 준비반	1	34	338	204	542
전문학교(Colleges)	18	436	1,875	3,031	4,906
사범학교	9	241	2,475	3,078	5,553
계	29	1,335	5,038	6,519	11,557

	학교	선생	학생	한국인(추정)
초등				
인가	3,616	26,130	1,788,906	1,693,000
비인가	141	920	63,454	63,454
단기	1,680	1,894	117,211	117,211
계	5,437	28,944	1,969,571	1,873,665
지역 초등학교	3,504	4,097	150,184	150,184
총계	8,941	33,041	2,119,755	2,023,849
중등				
인가	142	2,732	66,822	43,000
비인가	36	519	13,397	11,000
계	178	3,251	80,219	54,000
실업				
계	109	2,003	39,966	28,000
실업 보충학교	137	321	10,699	9,000
고등교육				
종합대학(University)	1	807	789	350
대학 준비반	1	75	643	250
전문학교(Colleges)	20	1,102	6,565	4,600
사범학교	12	382	8,170	4,800
계	34	2,366	16,167	10,000

〈부록 B〉 교육의 발전 1930~1942 (한국인과 일본인 학생)

	1930	1933	1936	1939	1942	1942 (추정 한국인)
초등(단기학교와 초등학교 포함)	757,647	840,818	1,109,750	1,635,999	2,119,755	2,023,000
중등	40,115	43,694	49,793	63,518	80,219	54,000
실업(보충학교 포함)	16,659	17,116	24,206	33,589	50,665	37,000
고등교육	4,750	6,601	8,412	11,557	16,167	10,000
총 학생 수	819,171	908,229	1,192,161	1,744,663	2,266,806	2,124,000

3부조정위원회 보고서
SWNCC 16/2에 의한 태평양 극동지역 정치-군사적 문제 처리 절차

KWUB-0086, NARA

SWNCC 16/2에 의한 태평양 극동지역 정치-군사적 문제 처리 절차

4급비밀 1945년 3월 8일

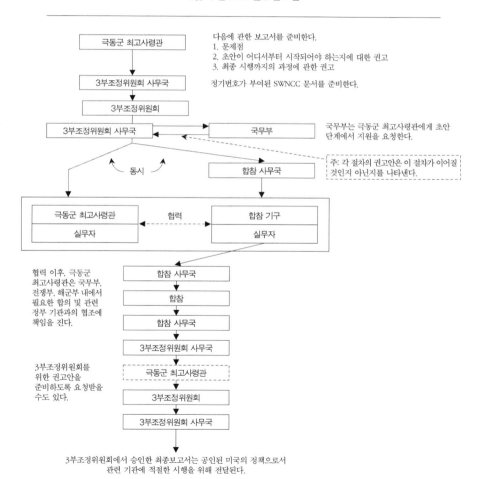

다음에 관한 보고서를 준비한다.
1. 문제점
2. 초안이 어디서부터 시작되어야 하는지에 대한 권고
3. 최종 시행까지의 과정에 관한 권고

정기번호가 부여된 SWNCC 문서를 준비한다.

국무부는 극동군 최고사령관에게 초안 단계에서 지원을 요청한다.

주: 각 절차의 권고안은 이 절차가 이어질 것인지 아닌지를 나타낸다.

협력 이후, 극동군 최고사령관은 국무부, 전쟁부, 해군부 내에서 필요한 합의 및 관련 정부 기관과의 협조에 책임을 진다.

3부조정위원회를 위한 권고안을 준비하도록 요청받을 수도 있다.

3부조정위원회에서 승인한 최종보고서는 공인된 미국의 정책으로서 관련 기관에 적절한 시행을 위해 전달된다.

3부조정위원회 보고서

극동지역의 정치-군사적 문제─한국에서 군정이 한국인을 처우하는 문제

KWUB-0087, NARA

3부조정위원회 문서 제77호(SWNCC 77)

2급비밀 사본번호 : 15

1945년 3월 19일

1쪽부터 5쪽까지는 첨부문서

3부조정위원회

극동에서의 정치-군사적 문제

─한국에서 군정이 한국인을 처우하는 문제

참조 : 3부조정위원회 문서 제16/2호(SWNCC 16/2)

비서관의 통지

첨부문서인 극동분과위원회의 보고서는 3부조정위원회의 검토를 위해 회람됩니다.

비서관

찰스 매카시Charles W. McCarthy

앨빈 리차드슨Alvin F. Richardson

레이먼드 콕스Raymond E. Cox

극동지역의 정치-군사적 문제

한국에서 군정이 한국인을 처우하는 문제

1. 3부조정위원회 문서 제77호는 극동지역 분과위원회가 작성한 보고서로, 검토를 위해 회람하였다.

2. 3부조정위원회 문서 제77호는 위 주제의 최종 정책 보고서 준비를 위해 따라야 할 과정들의 개요를 서술한다.

극동지역의 정치-군사적 문제 – 한국에서 군정이 한국인을 처우하는 문제

2급비밀 첨부문서

3부극동조정분과위원회 보고서

문제

1. '한국에서 군정이 한국인을 처우하는 문제'라는 주제에 관한 보고서에 포함될 정책 발표 준비 및 처리 절차 권고.

문제와 관련된 사실들

2. 3부조정위원회가 1945년 2월 23일 승인한 3부조정위원회 문서 제16/2호는, 극동분과위원회에게 그 활동의 일반 지침으로서 대략적인 우선순위에 따라 조정된 태평양-극동 문제의 종합 목록을 유지하라고 지시했다. 그리고 극동분과위원회는 그 문제 중 어떠한 것이라도 시행하기 전에 구체적인 권고안을 3부조정위원회에 제출할 것을 지시했다. 그 권고안에는 다음과 같은 사항들을 제시해야 한다. ① 문제 서술, ② 관련 기초 문건을 시행할 책임이 있는 부서, ③ 권고안과 최종 시행안을 포함한 시행 부서의 처리 및 협조 방안.

3. '한국에 관한 특수한 문제 – 한국인, 일본인의 처우'와 관련된 주제는 최초 목록의 IX-3 안건에 등장한다(3부조정위원회 문서 제16/2호, 부록 'A').

4. 아래의 결론과 권고안은 3부조정위원회 문서 제16/2호의 6b항에 의거하여 제출되었다.

5. 부록 'B'를 볼 것.

결론

6. 결론은 다음과 같다.

　　ⓐ 적절한 시기에 한국은 자유 독립국이 될 것이라는 점에서, 보
　　　고서의 범주는 일반적으로 다음의 논의를 포함해야 한다. ①
　　　한국인을 '적국의 국민'으로 대우해야 하는지 혹은 '해방된
　　　인민'으로 대우해야 하는지에 대한 문제, ② 한국인들에 대
　　　한 처우.

　　ⓑ 3부조정위원회는 국무부 장관을 통해 국무부가 위 주제에 관
　　　한 보고서 초안을 작성하도록 요청해야 한다.

　　ⓒ 국무부가 준비한 보고서의 초안은 3부조정위원회 비서관에
　　　게 제출되어야 하며, 비서관은 3부조정위원회 문서 일련번
　　　호를 부여하여 그 보고서를 발행해야 한다.

　　ⓓ 3부조정위원회 비서관은 동시에

　　　1) 합참 비서관을 통해 합참의 관련 부서를 임명하고 그 문
　　　　제를 검토하도록 합참에 요청한다.

　　　2) 극동조정분과위원회에 지시하여 그 문제를 검토하도록
　　　　지정된 합참의 관련 부서와 협력하도록 한다.

　　　3) 극동조정분과위원회에 지시하여 국무부, 전쟁부, 해군
　　　　부 내의 적절한 의견을 수렴하고 기타 관련 민간기관의
　　　　협력을 얻어내야 한다(그러한 의견과 협조는 보통 합참의 관련

부서와 극동조정분과위원회의 협력이 잠정 합의를 끌어낸 뒤에 확보하도록 할 것).

ⓔ 이후 합참의 관련 부서는 합참에 보고할 것. 이 보고서는 위에서 개관한 협력과 협조의 결과를 반영한다.

ⓕ 합참의 보고서를 받은 뒤, 3부조정위원회는 3부 내의 관련 공무원들로부터 필요한 추가 조언을 받아 보고서를 검토한다.

ⓖ 3부조정위원회와 합참의 견해차가 발생할 경우, 3부조정위원회가 최종 승인을 내리기 전에 그러한 견해차를 합참과 조정해야 한다.

ⓗ 3부조정위원회가 승인한 최종보고서는 관련 정부 기관에 전송하여 지침으로 삼고, 이행 가능한 부서들은 즉각 이행해야 한다.

권고사항

7. 3부조정위원회에 아래와 같이 권고한다.

ⓐ 위 결론을 승인할 것.

ⓑ 부록 'A'에 있는 편지를 국무부 차관보 특별보좌관 던Dunn에게 발송할 것.

3부조정위원회가 국무부 차관보 특별보좌관 던에게 보내는 편지 초안

__**에 승인된 3부조정위원회 문서 제__*호의 초안이 첨부되었습니다. 귀하는 문제(1항)와 결론(6항)에 유념해주시기 바랍니다.

3부조정위원회에 3부조정위원회 문서 제__*호의 주제에 관해 보고서 초안을 귀하가 작성 완료할 수 있는 시한을 알려주시면 감사하겠습니다.

* 여기에는 이 편지가 부록으로 첨부될 3부조정위원회 문서 일련번호를 기재한다.

** 여기에는 이 편지가 부록으로 첨부될 보고서를 3부조정위원회가 승인한 날짜를 기재한다.

부록 'B'

2급비밀

논의

1. 군정이 한국인을 대하는 방식은 일본인이 한국인을 대하는 방식과 다를 것이므로, 각 집단의 처우에 관한 별도의 보고서를 작성하는 것을 제안하는 바이다.

통치지역(신탁통치 문제) 8

KWUB-0088, NARA

신탁통치 문제

2급비밀 ISO-276

1945년 4월 11일

8.

ⓐ 위임 통치 지역에 대한 권한을 국제기구에 어떻게 이전할 수 있는가?

ⓑ 기존의 위임 통치 지역들을 위한 신탁통치 기구의 새로운 헌장은 어떻게 작성되어야 하는가? 기존 헌장은 어떻게 수정해야 하는가?

ⓐ

1. 문제

제시된 신탁통치 체제를 관할권에 속한 현재의 위임 통치 지역에 일임하기 위해서는 해당 영토에 대한 권한이 국제기구로 이전될 수 있는 절차가 채택되어야 한다.

2. 권한

위임 통치 지역의 권한 문제와 관련한 미국 정부의 입장은 영토에 대한 주권이 '기타' 주요 동맹국과 연합국, 즉 미국, 영국, 프랑스에 있다는 것이다. 본래 주요 동맹국이자 연합국이었던 이탈리아와 일본은 평화 조약에서 자신들의 권리를 포기해야 할 것이다.

3. 신탁통치 협의

나머지 세 주축 연합국과 협상국들은 국제 신탁통치에 관한 제안서 초안에서 승인된 신탁통치 협의에 따라 위임 통치 지역에 대한 그들의 권한을 UN에 이양할 것이다. 이양을 성사시키기 위한 현 권한자들 간의 예비 협의는 UN 총회와의 최종협상을 위한 전제조건이 될 것이다. 주요 연합국과 협상국의 구성원이 아닌 위임 통치국들, 즉 신탁통치 지역에 전략적 이해관계가 있는 국가와 그 지역의 군사 해방에 주요한 역할을 한 UN 회원국은 예비 협의 참석을 요구할 수 있다. 이러한 요구의 타당성은 주요 연합국과 협상국의 기타 구성원들이 결정한다.

관련 국가들 사이의 예비 협의가 이루어지면 기타 연합국, 협상국들과 UN 총회 간의 협상이 있을 것이다. 이는 총회가 신탁통치 협의를 수락하는 것이 될 것이고, 협의에 따라 위임 통치 지역은 신탁통치 체제 아래 놓이게 될 것이다. 여기에는 3분의 2가 참석해 투표해야 한다.

ⓑ

1. 문제

현재 국제연맹 통치 아래에 있는 영토는 국제연맹 의회가 승인한 위임 통치 헌장에 따라 관리된다. 신탁통치 기구가 가동될 때가 되면 국제 연맹이 더 이상 존재하지 않기 때문에 이 헌장은 상당한 수정이 필요하며, 재고와 검토 대상이 될 것이다. 현재 신탁통치 제도 아래에 있는 위임 통치 지역의 영토 헌장은 총회의 승인을 받기 위해 지정된 관리 당국이 제출할 것이다. 새로운 헌장은 관리 당국의 재량에 따라 이전 위임 통치 헌장의 조항을 포함할 수 있다.

절차

여러 지역의 기본법 일부로 포함될 영토 헌장은 각각의 영토마다 고유한 요구 사항과 상황에 따라 작성되어야 한다. 이 조건을 충족시키기 위해, 위임 통치 지역의 통치 조건에 관해 의견을 제시할 수 있는 해당 관리 당국의 합법적 요구를 표현하기 위해, 제안서 초안에는 "위임 통치 지역에 대한 신탁통치 협의가 체결된 후, 가능한 한 빨리 관리 당국은 그 신탁통치 지역의 행정부를 위한 영토 헌장을 총회에 제출해야 한다"는 조항이 포함되었다. 이러한 방식으로 개별 영토의 특성이 보장되고 관리 당국의 행정적 이익이 보호되며, 영토 거주자의 복지에 대한 세계 공동체의 관심이 UN 총회에 제출되는 헌장 초안의 조항들에 표현된다. 헌장 초안은 F항에서 3분의 2 표결에 따라 이것을 승인하도록 규정하고 있다.

09

통치지역(신탁통치 문제) 10

KWUB-0089, NARA

신탁통치 문제

2급비밀 ISO-277

1945년 4월 13일

10.

현 전쟁으로 인해 적국으로부터 분리된 영토들의 경우, 미래에 이러한 영토들을 통제할 책임은 누구에게 있는가?

I. 문제

이번 전쟁으로 일본은 그간 관리해오던 모든 식민지를 포기하게 될 것이다. 이탈리아는 아마도 소유하고 있던 식민지의 전부 혹은 일부를 잃게 될 것이다. 누가 책임자가 되어 이후 그 지역을 통제할 것인가?

이 문제에 답하기 위해서는 적국으로부터 영토를 분리시키고, 그 통제권을 이양하는 과정의 다양한 단계에서 관련국들의 입장을 고려해야 한다. 공공의 적의 패망에 각기 다른 방식으로 일조한 관련국들은 이 결정에 있어서 다양한 지분을 요구할 것이다.

II. 초기 단계

A. 전투와 점령에 직접적으로 참여한 국가들

(한 국가의 군대가) 승리와 직접적으로 관계된 군사행동에 참여한 국가는 패망한 적과 그 속국의 통제에 관한 결정 과정에 지분을 요구할 것이다. 게다가 그 군대가 적 영토를 점령했다면, 그 군대를 파견한 국가는 점령지역의 향후 통제에 관한 지분을 강력하게 요구할 권리가 있다고 볼 수 있다. 그럼에도 불구하고 현 전쟁의 효과적인 노력들은 본질적으로 협력적인 성격을 갖고 있다. 수많은 전선에서 치러진 전쟁에서는 후방의 보급이 전투 그 자체만큼이나 중요할 때가 있고, 전반적인 계획에 따라 군사적 노력이 투입되기 때문에, 특정 유형의 공헌을 했다는 이유로 단일 국가가 결정적인 입지를 요구할 수는 없다. 실제 전투에 가담했다는 것과 적 영토를 점령했다는 것은 적 영토 처리에 지분을 요구하기 위한 그저 하나의 근거일 뿐이다.

B. 정전협정을 체결한 국가들

두 개 이상의 국가 사이의 전쟁이 끝났을 때, 그 상황은 대개 정전협정 또는 실제 적대행위를 중단하는 협정으로 마무리된다. 정전협정의 조건들은 승전국이 패전국에 부과하는 형태로 승인된다. 그 조건에는 정치적 속성의 조항들이 포함되지만, 정전협정은 대개 한시적인 것이고 평화조약이 확정될 때까지만 지속된다. 때때로 정전협정은 영토 처리를 결정한다. 그러나 일반적으로 그것은 평화조약의 최종 결정을 위해 남겨둔다.

정전협정을 체결하지 않은 국가들은 아마도 확실한 평화조약에 관심을 보일 것이다. 현재의 전쟁으로 추축국과 체결된 많은 정전협정은 몇몇 국가들이 UN의 이름 아래 조인했다. 정전협정 조인국들이 평화조약에도 관여하고 있지만, 정전협정을 체결하지 않은 다른 UN 회원국들도 영토 처리의 최종 결정에 참여할 수도 있을 것이다.

C. 평화조약에 서명한 국가들 : UN

패전국과 평화조약을 체결한 국가들은 그 조약을 적에게 영토 이양을 최종적으로, 확정적으로 강요하고 이양된 영토가 누구에게 갈 것인지 결정하는 데 사용할 기회를 얻는다. 각각의 경우마다 적국과의 평화조약은 UN 회원국 중에서 해당 적국과 전쟁을 치른 국가들이 체결할 것이다. 가능한 대안으로서, 개별 적국과의 개별 조약 체결은 주요 UN 회원국에 의해서, 또는 적국이나 그 속국에 있는 특정 지역에 이해관계가 있는 주요 또는 소수 UN 회원국에 의해 체결될 수도 있다.

어쨌든 조약은 전체적으로 봤을 때 UN에게 유리한 방향으로 체결될 것이다. 이것은 적국의 영토를 분리하는 법적인 방법이며, 향후 통치를 결정하는 첫걸음이 될 것이다.

III. 적 영토의 최종 처리

평화조약에 따라 적국으로부터 영토를 분리시킬 때, 조약에 따라 영토가 특정 UN 회원국에 할당되거나 조약을 체결한 UN 회원국 전체가 그 권한을 공동으로 보유할 수도 있다.

첫 번째 경우, 새로운 주인에게 영토가 이양된다면 새로운 주인이 영토의 권한을 갖게 될 것이며 법적 제한 없이 영토를 통치할 수 있다. 아니면 신탁통치 협정 합의를 통해 총회와의 협상으로 국제기구에 권한을 이전하고 관리 당국자의 권한을 유지할 수 있다. 후자의 경우 모든 UN 회원국이 대표자를 통해 총회에서 영토 통제를 결정하는 데 참여할 수 있다.

평화조약을 체결한 UN 회원국이 대상국의 공동 권한을 유지한다면, 두 가지 경우의 수가 존재한다. 공동 권한을 무기한 보존할 수 있고, 그 영토를 신탁통치하는 데 합의할 수도 있다. 두 번째 경우, 영토를 신탁통치하는 데 합의한다면 그 회원국은 신탁통치 협의를 체결하는 당사자 중 하나가 된다. 또 다른 당사자는 UN 총회이다. 총회는 UN을 대표하여 신탁통치 협의를 협상하고 승인할 권한을 갖는다. 어떠한 국가도 강제로 관리 당국이 될 수 없기에, 관리 당국의 지위를 추구하거나 수용하기로 합의한 국가는 그 지위의 권리와 의무를 결정하는 데 간접적으로 참여하게 된다.

IV. 결론

적국에 복속된 영토를 분리하고 그 영토의 향후 통제를 결정하는 절차는 여러 단계로 구성될 것이다. 그 과정에서 복수의 UN 회원국이 역할을 맡게 될 것이다. 참전국, 점령국, 정전협정 체결국, 평화조약 체결국은 모두 진행 과정에서 지분을 갖는다. 이와 마찬가지로 중요한 점은 평화를 유지할 책임이 있는 국가들의 이해관계다. 적국으로부터 분리될 영토의 처리와 통제에 관한 최종 결정은 UN과 그 지도자들이 총회와 안보리의 대표로서 책임을 공유하고 그 영토를 관리할 국가와 협력해 성과를 내기 위한 것이어야 한다.

통치지역(신탁통치 문제) 11

KWUB-0090, NARA

신탁통치 문제

2급비밀 ISO-275

1945년 4월 13일

11.

신탁통치 지역 주민들의 국적은 어떻게 결정되어야 하는가?

I. 문제

신탁통치 지역이 생기면 해당 지역 사람들의 국적 문제가 대두될 것이다.[*]

주권국가의 국민은 국내외에서 모두 일정한 지위를 갖는다. 그 지위

---

[*] 국적에 대한 그 어떠한 고려도 국적과 시민권의 구분으로 인해 혼란스러울 가능성이 있다. 한 국가의 '국민'은 해당 국가에 영구적인 충성을 의무로 지고 있는 사람이다. '시민'은 (미국과 같이) 특정 국가들에서 흔히 법에 따라 시민권과 정치적 특권을 가지며, 정치 공동체의 완전한 구성원인 사람을 의미한다. 모든 시민은 국민이지만, 모든 국민이 시민인 것은 아니다.

란 그들이 국가에 충성을 맹세하고 해외로 나가면 외교적 보호를 받는 다는 사실로부터 비롯된다. 신탁통치 지역의 주민들은 국제적으로 승인된 주권국가의 국민이 아니며 그들을 보호하기 위한 적절한 조치가 따르지 않는다면 매우 어려운 처지에 놓이게 될 것이다. 그러므로 신탁통치 지역 주민의 국적에 관한 일반적인 규칙이 수립되어야 마땅하며 이 규칙은 신탁통치 협의에 포함되어야 한다.

신탁통치 체제는 관련 속국의 주민들을 위해 존재하므로 신탁통치 지역의 주민들은 개인으로서 주권국가 국민의 지위에 뒤떨어지지 않아야 한다고 상정할 수 있다. 국내에서 그들은 공동체의 완전한 일원으로서 지위를 누려야 하며, 2류 피지배민 또는 종속민의 지위를 얻어서는 안 된다. 국제적으로 이들과 이들의 이익은 주권국의 적법한 기관에 의해 외교적으로 보호받아야 하며, 이는 그들의 권리로 인정되어야 한다.

신탁통치 지역 주민에게 특별한 어려움이 닥칠지 모른다. 그들이 살고 있는 지역은 다양한 사람들이 함께 거주하며, 이주와 이민의 영향을 받아왔기 때문이다.

신탁통치 지역 주민의 국적 문제에 관해서 가능한 한 단순한 답변을 제시하는 것이 바람직하다. 그것으로 신탁통치 지역의 주민뿐만 아니라 관리 당국과 여타 국가 주민들의 권리가 분명해질 것이다. 기본적으로 세 가지 해답이 가능하다. ① 그들 고유의 국적, 즉 관리 당국 국가와 특수하게 관련된 지역의 국적, ② 관리 당국의 국적, ③ 국제기구 하의 특수한 지위를 신탁통치 지역 주민들은 얻을 수 있다.

II. 식민지 내 국적

식민지를 보유하고 있는 국가들의 많은 경험이 이 문제와 관련이 있다. 하지만 실제 드러난 양상은 상당히 다양하다. 또한, 보편적인 해결책을 찾지 못했다.

(보호령을 제외한) 영국 식민 제국 전역에서 현지에서 태어난 주민은 영국 신민이다. 왜냐하면 영국 왕의 자치령에 태어난 모든 사람은 그 왕의 신민이라는 원칙이 있기 때문이다. 영국 식민지에서 모든 주민이 동등한 정치적 권리를 갖는다는 것은 일반적으로 사실이 아니지만, 영국인의 시민권은 속국 곳곳에서 일반적으로 보장받는다. 그리고 영국 신민은 그 출생지가 어디든 간에 영국 본토를 방문하거나 그곳에 거주할 경우 여타 영국 신민이 갖는 모든 권리를 동등하게 갖는다.

미국에서는 미 대륙과 알래스카나 하와이와 같이 합병된 영토들에 사는 거주민의 국적과 관련된 일반적인 원칙이 없다. 현지에서 태어난 모든 주민은 시민이며, 열등한 지위에 처하게 될 문제가 없다. 푸에르토리코(푸에르토리코 주민들은 1917년에 시민이 되었다)와 버진 아일랜드(버진 아일랜드 주민들은 1927년에 시민이 되었다)의 사례에서 입증되었다시피 속국 주민들은 결국 시민권을 얻게 된다는 것이 일반적인 통념이었음에도 불구하고, 최근 몇십 년간 미국에 복속된 영토와 도서 지역 주민들은 대체로 바로 시민권을 획득할 수 없었다. 하지만 한동안, 그리고 일부 속령에서는 무기한으로 새로 합병된 속령 주민들은 미국의 시민은 아닐지라도 미국의 국민이었다. 예를 들면 괌과 미국령 사모아 주민들의 여권을 보면 "미국의 보호를 받을 권리가 있는 괌(미국령 사모아)의 주민"이라고 나와 있다. 필리핀에서는 연방법으로 제정된 별도의 필리핀 시민권이 있다. 파나마 운하 지역의 주민들은 미국인 부모에게서 태어났을 경우 미국의 시민이다. 그렇지 않을 경우, 미국 법은 그들을 외국인으로 규정한다.

미국 영토와 도서 지역 내의 상황은 계획에 없던 역사 발전의 결과이고 매우 불균등하다. 일부 미국 속령 도서 지역 출신 주민들은 그 외 대부분의 속령 주민들보다 훨씬 더 많은 법적 권리를 누린다. 다른 미국의 속령 주민들은 상대적으로 매우 열등한 지위를 누린다.

III. 위임 통치 지역 내 국적

위임 통치 지역 주민의 국적 문제와 관련된 상황은 신탁통치 지역의 상황과 매우 유사하다. 양쪽 상황 모두 식민지의 상황과는 매우 상이하다.

식민지를 한 국가로부터 다른 국가로 이양하는 문제는 피식민지인의 충성도에 두 가지 영향을 준다. 그들은 예전 지배국의 국적을 잃고, 새로운 지배국의 국적을 얻게 된다. 그러나 옛 독일과 터키의 식민지를 위임 통치 지역으로 지정하는 것은 위와 같은 결과로 이어지지 못했다. 그 지역들은 더 이상 독일과 터키 소유가 아니었지만, 위임 통치국가 영토의 일부로 편입되지 못했다. 결과적으로 그 주민들은 과거 지배국의 국적을 잃었지만, 새로운 지배국의 국적을 얻지도 못했다.

새로운 국적 취득과 관련해서 위임 통치 지역 주민들이 독립에 가까운 정도에 따라 위임 통치 지역 A, B, C로 구분했는데, 위임 통치 지역 A의 주민들은 독립에 매우 가까운 발전 단계에 도달한 공동체를 의미하고, 위임 통치 지역 B와 C는 독립과 거리가 먼 지역을 의미한다. A등급 주민들은 영토 자체와 관련된 특수한 개별 국적을 갖는다. 예를 들어

팔레스타인 주민들은 팔레스타인 시민권을 갖는다. 위임 통치국은 자신의 권한 안에서 외부로부터 그들을 보호한다. B와 C등급의 주민들은 예전에 국적을 잃었더라도 위임 통치국의 국적이나 그들 고국의 국적을 얻지 못했다.* 그러므로 그들은 무국적자가 되었다. 이들은 해외에서도 위임 통치 하의 보호민처럼 보호받았다. 문명사회에서 시민들이 일반적으로 보유하고 있는 시민권의 관점에서 보자면, B와 C등급의 주민들(A등급 주민도 여기에 포함될 수 있다)은 매우 열악한 상황에 처해 있다. 특정 권리는 위임 통치 조항들로 인해 이들에게 보장되기도 하지만, 위임 통치국이 그 의무를 따르지 않는다면, 이러한 권리를 유지하기 위해 유일하게 할 수 있는 것은 상임 위임통치 위원회Permanent Mandates Commission에 탄원서를 넣는 방법밖에 없다.

위임 통치 체제 하에 있는 사람들의 국적과 정부 문제와 관련한 다채로운 경험은 그 주제가 대체적으로 해결되기 어렵다는 점을 보여준다.

IV. 신탁통치 지역 내 국적

신탁통치 지역에서는 영구 거주민들을 쉽게 찾아볼 수 있지만, 상당한 숫자의 임시 거주자들도 볼 수 있다. 후자에는 관리 당국의 시민, 공무상 거주자가 포함될 것이고 그들의 규모는 상당할 수 있다. 만약 그저 행정가, 해군이나 군인만 있다면 자연적으로 그들은 국적을 유지할 것이고, 그곳에서 태어난 그들의 자녀들도 아마도 태생적으로 부모의 국적을 얻을 것이다. 이는 자녀들의 거주가 부모와 마찬가지로 임시적인

---

* 남서 아프리카의 전(前) 독일 주민들의 경우 영국 신민이 된 예외 사례이다.

경우 크게 문제 될 것이 없다. 하지만 그들이 그 지역에 영구적으로 거주하고자 한다면, 국적의 관점에서 그들이 지역 주민들과 동화될 수 있도록 만드는 조항이 필요하다. 임시 거주자 가운데 상업 및 산업에 종사하는 많은 수의 외국인이 있을 수도 있다. 그리고 일부 신탁통치 지역은 외부에 개방적인 다른 어느 국가들보다도 국제적으로 관리되어 더 만족을 주는 지역으로서 많은 임시 거주자를 끌어들일 것이다. 이들의 국적에 대한 문제는 이들의 거주가 임시적인 한 제기되지 않을 것이다.

신탁통치 지역의 비영구적 거주자 계급 중 관리 당국에게 심각한 어려움을 안겨주거나 해당 지역의 정치적 균형을 깨트릴 계급은 없다. 관리 당국이 비영구적 거주자들의 체류 기한을 제한하는 것에 세심한 주의를 기울일 것이라는 점을 고려한다면, 문제는 임시 거주자와 영구 거주자를 구분할 때 발생한다.

신탁통치 지역의 영구 거주자들은 보통 지역 토착민(대부분의 경우 비유럽인)일 것이다. 이들은 대부분 같은 인종이나 출신이 아닐 것이다. 상대적으로 낙후된 다른 지역에서 이주해온 사람, 그리고 관리 국가나 다른 선진국에서 영구 거주를 희망하여 넘어온 사람들의 규모는 적을 것이다.

국제적으로 승인된 원칙선언에 따라 관리되는 국제기구 하의 신탁통치 지역에서 영구 거주자들이 국내의 시민권과 해외의 외교적 보호에 있어서 동등한 처우를 받아야 한다는 점은 보장되어야 한다. 주민의 계급을 두 가지 이상으로 나눌 수 없으며, 법 앞에서 다른 이들보다 특권을 누리는 계층은 있을 수 없다.

그러므로 신탁통치 지역의 모든 주민들은 확고한 국적을 가져야 하고 명확하게 인정되어야 한다. 여기에는 세 가지 가능성이 있다.

A. 관리 당국의 국적

신탁통치 지역의 영구 거주자들은 관리 당국의 국적을 받을 수 있다. 마찬가지로 그들은 관리 당국 대표자에 의해 해외에서 보호를 받을 수 있다. 그리고 고국에 있거나 관리 당국을 방문했을 때 그들의 지위는 명확하다. 하지만 이렇게 신탁통치 지역 주민을 관리 당국의 국민과 동화시키는 것은 두 가지 거센 반발에 직면한다. 이러한 동화 정책은 관리 당국의 통치 집단과 동등한 입지를 그들에게 보장해주지 않는다. 그리고 그러한 동화는 그들 스스로 자치 정부를 수립하는 것이 아니라 관리 당국의 식민지인과 그들을 동화시킨다.

B. 특수한 국제적 지위

신탁통치 지역 주민들은 국제기구의 신탁통치를 받는 개인으로서 특수한 지위를 얻을 수 있다. 그들은 식민지인도, 그들 고국의 국민도 아니다. 이 협의는 그들의 지위와 그에 따른 권리, 그리고 특권이 국제적인 인정과 관심의 문제가 된다는 점에서 이점이 있다. 하지만 국제기구는 세계 도처에 특별 대리인을 보유하고 있지 않기 때문에 해외에서 외교적 보호를 받기 위해 관리 당국에 의존할 수밖에 없다. 실상 그들의 지위는 식민지인의 지위이며, 국제적 시민권은 위임 통치 지역 주민의 무국적 상태와 다를 바 없다.

C. 지역 시민권

신탁통치 지역 주민들은 해당 영토의 국적을 얻게 되었을 때 가장 만족스러운 결과를 가져올 수 있다. 이 해결책은 그들이 자치 정부를 수립하는 방향으로 발전하고 있는 지역의 주민이라는 점, 정부가 들어섰을 때 지역기관에 참여하게 될 것이라는 점, 세계 곳곳의 다른 사람들과 마찬가지로 고국을 가지고 있다는 점을 암시한다. 의심할 여지 없이 그들은 (신탁통치 하에서) 관리 당국에 충성의 의무를 질 것이지만, 이에 대한 보답으로 관리 당국은 자연스럽게 제3국들에게 이들의 이익을 대변할 것이다. 비록 일부 신탁통치 지역은 규모가 작지만, 지역 시민권은 과거 피사와 제네바의 경우와 유사한 의미를 지닌다. 하지만 많은 소규모 지역에서 그러한 일은 불가하다.

V. 결론

신탁통치 지역에서의 국적 문제와 그 해외 거주자들의 외교적 보호 문제는 각 영토에 대한 지역 시민권을 확립하고 그 시민권을 (신탁통치 지역의 여타 제도와 함께) 관리 당국의 보호 아래 둠으로써 가장 실현 가능한 합의에 이를 수 있다. 그러한 협의는 신탁통치를 받는 사람들의 상황에 적합할 것이고, 최종적으로 효과적인 자치 정부 수립을 기대할 수 있을 것이다.

미소공동위원회 제1차 회의록

KWUB-0091, NARA

1946년 1월 16일 회의록

본부─미소공동위원회 : 서울, 한국

1946년 1월 17일

제1차 미소공동위원회는 모스크바3상회의 선언 제3조(한국) 4항에 의거하여 소집되었으며, 한국 서울의 국회의사당에서 13시에 시작되었다.

미국을 대표하여 하지John R. Hodge 중장, 아놀드A. V. Arnold 소장, 러치A. L. Lerch 소장, 베닝호프H. W. Benninghoff 씨, 부스R. H. Booth 대령, 브리튼F. H. Britton 대령, 언더우드J. C. Underwood 대령, 헐리W. J. Herlihy 중령, 코르넬슨A. J. Cornelson 중령이 참석하였으며, 소련을 대표하여 쉬띄코프T. F. Shtikov 상장, 차랍킨S. K. Tsarapkin 씨, 샤닌G. I. Shanin 소장, 로마넨코A. A. Romanyenko 소장, 발라사노프G. M. Balasanov 고문, 부투조프Butuzov 대좌, 폴란스키A. S. Polyanski 씨, 마슬로프A. S. Maslov 씨, 마슬로바O. S. Maslova 부인이 참석하였다.

하지 중장과 쉬띄코프 상장이 참석자들에게 연설했으며, 이들의 연설은 각각 러시아어와 한국어, 영어와 한국어로 통역되었다. 그 후 그들은 대표단의 구성원들을 공식적으로 소개했다. 회의는 대중에게 공개되지 않았다.

비공개회의에서 다음과 같은 결정이 내려졌다

① 대표자들은 매일 13시에 만난다. 아놀드 장군과 쉬띄코프 장군이 번갈아 의장을 맡는다. 분과위원회들은 아침에 만난다.

② 샤넌 소장, 부투조프 대좌, 부스 대령 그리고 언더우드 대령으로 구성된 분과위원회가 회의에서 고려할 공동의제를 제시하도록 지정되었다.

③ 회의의 결정사항은 한국의 미소 사령관들이 서명으로 확정할 때에 최종적인 것이 된다.

④ 회의의 진행과 관련된 어떠한 정보도 아놀드 장군과 쉬띄코프 장군의 합동발표 외에는 언론에 공개하지 않는다.

의장으로서 아놀드 장군이 15시 35분, 공식적으로 휴회를 선언하였다.

이하 쉬띄코프 장군과 아놀드 장군의 서명

12

미소공동위원회 제2차 회의록

KWUB-0092, NARA

1월 17일 회의록

본부―미소공동위원회 : 서울, 한국

1946년 1월 18일

회의는 13시에 개회되었다.

참석한 소련 대표단은 쉬띠코프 상장, 차랍킨 전권공사, 샤닌 소장, 로마넨코 소장, 발라사노프 고문, 부투조프 대좌, 마누키안Manukian 고문, 고문 카르쿨렌코Karkulyenko 중좌, 라브로프Lavrov 고문, 비서 마슬로프, 통역사 마슬로바이다.

미국 대표단은 아놀드 소장, 베닝호프 정치고문, 부스 대령, 브리튼 대령, 언더우드 대령, 헐리 중령, 코르넬슨 중령, 에몬스Emmons 씨이다.

회의의 의장은 쉬띠코프 상장이었다.

이 회의에서는 미소 대표들의 분과위원회가 결정한 안건들을 확인하였다. 회의 결과 아래의 11개 문제를 회의 의제에 포함하기로 결정했다.

① 한국 북부에서 남부로 전기를 공급하는 조건에 관한 문제

② 남북 간 식료품(쌀), 원자재, 연료, 산업 장비, 화학제품 교환에 관한
　　문제

③ 양 지역 간 철도와 차량 교통에 관한 문제, 그리고 남북 항구들 간의
　　연안 무역(해운) 문제

④ 남북 항구의 단일 규제 도입에 관한 문제

⑤　a. 남에서 북으로, 북에서 남으로의 배송료 상호 지불에 관한 문제
　　b. 한국의 단일 재정체계의 확립에 관한 문제(앞으로 조사 예정)

⑥ 일본 난민들의 북한에서 일본으로의 피난 문제

⑦ 미소 군정 지역 경계를 따라 미소 공동 통제소를 설치하는 것에 관한
　　문제

⑧ 한국 시민들의 한 지역에서 다른 지역으로의 이동 지시에 관한 문제

⑨ 소비세 부가물(신문)과 소포를 제외한 개인 서신 교환을 위한 우정업무
　　재개에 관한 문제

⑩ 만주에서 북한 지역을 통해 남부로 석탄과 농산물을 수송하는 문제(이
　　문제는 확정되지 않았음)

⑪ 남북의 전화 및 전신 통신 설치에 관한 문제(연구 예정)

쉬띄코프 상장은 의장으로서 16시에 공식적으로 폐회했다.

이하 쉬띄코프 상장과 아놀드 소장의 서명

13

미소공동위원회 제3차 회의록

KWUB-0093, NARA

1월 18일 회의록

본부-미소공동위원회 : 서울, 한국

1946년 1월 19일

제3차 미소공동위원회 회의는 1946년 1월 18일 13시에 의장 아놀드 소장에 의해 서울, 한국에서 개회되었다.

회의 참석자는 아놀드 소장, 베닝호프 씨, 부스 대령, 브리튼 대령, 언더우드 대령, 헐리 중령, 코르넬슨 중령, 엔더스^{G. B. Enders} 소령이 미국대표단으로 참석했고, 쉬띄코프 상장, 차랍킨 씨, 샤닌 소장, 로마넨코 소장, 발라사노프 고문, 라브로프 고문, 부투조프 대좌, 카르쿨렌코 중좌가 소련 대표단으로 참석했다.

본 회의는 이전 회의에서 제기된 공동의제에 대한 논의를 재개했고, 다음의 문제들이 수용되거나 아래와 같이 개정되었다.

⑫ 무역 조직 사무소들 사이의 정기적인 통신 확립에 관한 문제.(연구 예정)

⑬ 남북 방송국의 주파수와 파장 분배를 확인하는 문제.

⑭ 북위 38도 경계의 부분적, 지역적 변화에 관한 문제. 소련 사령부 대표들은 이 문제를 최고 사령부에 보고해 지시를 받은 후 이를 의제에 포함시킬 것인지에 대한 논의에 복귀할 것이다.

⑮ 북부의 소련군 사령관과 남부의 미군 사령관 간에 (행정적-경제적 문제들에 대한) 미래 협력 방안을 고안하는 문제.

특정 분과위원회들이 작업 결과를 보고할 1월 21일 월요일 오후까지는 회의를 열지 않는 것으로 합의했다. 아래의 분과위원회들이 지명되었고, 연구해야 할 의제들이 할당되었다.

경제 위원회 : 문제 ①, ②, ⑤-a. 의장 샤닌 소장, 언더우드 대령.
교통 위원회 : 문제 ③, ④. 의장 로마넨코 소장, 코르넬슨 중령.
행정 위원회 : 문제 ⑥, ⑦, ⑧, ⑨, ⑪, ⑬. 의장 헐리 중령, 발라사노프 고문.
총회에서 논의할 문제들 : ⑩, ⑫, ⑭, ⑮, ⑤-b.

아놀드 장군은 16시 30분 휴회를 선언했다.

이하 아놀드 소장과 쉬띄코프 상장의 서명

공동의제

본부-미소공동위원회 : 서울, 한국

1946년 1월 20일

1. 한국 북부에서 남부로의 전력 공급 조건.

2. 남북 간 쌀, 원자재, 연료, 산업 장비, 화학제품의 교환에 관하여.

3. 양 지역 간 철도와 차량 교통, 그리고 남북 항구들 간의 연안 해운.

4. 남북 항구의 단일 규제 도입.

5-a. 남에서 북으로, 북에서 남으로의 배송료 상호 지불에 관하여.

5-b. 한국의 단일 재정체계의 확립에 관한 문제(연구 예정).

6. 난민 범주에 속하는 약 100,000 일본인들의 한국 북부에서 일본으로의 이동.

7. 미소 군정 지역 경계에 따른 미소 공동 통제소 설치.

8. 한국 시민들의 한 지역에서 다른 지역으로의 이동.

9. 양 지역 간 소포를 제외한 우편물의 이동.

10. 북부 영토를 통해 남부로의 석탄 및 농산물의 수송(미국은 석탄과 농산물을 북부 영토 밖에서 얻을 것이다). (이 항목은 확정되지 않았음)

11. 남북의 전화 및 전신 통신의 재설치(연구 예정).

12. 무역 조직 사무소들 사이의 정기적인 통신 확립에 관하여(연구 예정).

13. 남북 방송국의 주파수와 파장 분배를 확인하는 문제.

14. 북위 38도 경계의 부분적, 지역적 변화에 관한 문제. 소련 사령부 대표들은 이 문제를 최고 사령부에 보고해 지시를 받은 후 이를 의제에

포함시킬 것인지에 관한 논의에 복귀할 것이다.

15. 북부의 소련군 사령관과 남부의 미군 사령관 간에 (행정적-경제적 문제에 대한) 미래 협력 방안을 고안하는 문제.

이하 아놀드 소장과 쉬띄코프 상장의 서명

14
미소공동위원회 제4차 회의록

KWUB-0094, NARA

1946년 1월 23일 회의록-4호

본부-미소공동위원회 : 서울, 한국

1946년 1월 23일

회의는 13시에 시작되었다.

회의에 참석한 소련 대표는 쉬띄코프 상장, 차랍킨 씨, 샤닌 소장, 로마넨코 소장, 발라사노프 고문, 부투조프 대좌, 마누키안 고문, 라브로프 고문, 고문 카르쿨렌코 중좌, 마슬로프 비서, 마슬로바 통역사였다.

미국 대표는 아놀드 소장, 스팔딩Spalding 소장, 베닝호프 정치고문, 부스 대령, 브리튼 대령, 언더우드 대령, 헐리 중령, 코르넬슨 중령, 길먼Gilman 중위였다.

회의의 의장은 쉬띄코프 상장이었다.

이 회의에서는 공동의제 2항에 관한 경제 분과위원회의 제안이 논의되었다. 샤닌 소장과 언더우드 대령은 "남북 간 식량(쌀), 원자재, 연료, 산업 장비와 화학제품 교환에 관련된" 문제에 대한 그들의 제안을 회의에 보고하였다. 다음과 같은 점이 논의되고 수용되었다.

① 한국의 산업을 작동시키고, 철도를 정비하고, 한국 전체의 경제생활을 되살리기 위하여, 남북한 지역 간의 상품교환이 조직된다.

② 남북 지역 간의 상품교환은 미군 사령부와 소련군 사령부에 의한 상호 교부의 형태로 조직된다.

⑤ 상호 교부는 가능할 때 동일한 금액에 대하여 북부 지역으로부터, 그리고 그 반대로 이루어지게 된다.

⑥ 교부된 생산물을 위한 상호계정은 서울의 조선은행과 평양의 북조선 중앙은행을 통해 개설된다.

1946년 동안 북부 지역으로의 식량과 생산품 교부(날짜, 목록 그리고 수량) 및 남부 지역으로의 생산품 교부(날짜, 목록 그리고 수량)와 관련된 분과위원회 제안의 3항, 그리고 식량, 장비 및 여타 교부와 관련된 4항은 상기 위원회에서 보충설명과 재작업이 이루어져야 할 주제이며, 1946년 1월 25일의 대표 회의에서 제시되어 논의될 것이다.

쉬띠코프 상장은 의장으로서 16시 15분 공식적으로 휴회를 선언했다.

이하 쉬띠코프 상장과 아놀드 소장의 서명

15

3부조정위원회 보고서

3부조정위원회 한국 정책

KWUB-0095, NARA

3부조정위원회 대한(對韓) 정책

참조 : a. 3부조정위원회 문서 제176/13호

1급비밀 사본번호 : 21

3부조정위원회 문서 제176/15호

1946년 1월 24일

비서관의 통지

1. 조정위원회에 의해 1946년 1월 3일 승인된 3부조정위원회 문서 제176/13호는

"모스크바 결정의 한국 관련 항목 2, 3항과 관련하여 미소공동위원회를 조기 소집할 것. 공동위원회 회의를 위한 초기 정치적 지침은 미합참을 통해 3부조정위원회에서 하달될 것"이라고 명시하고 있다.

2. 이와 관련하여 국무부 임시 대표자는 공동위원회 회의를 위해 정치적 지침에 대한 첨부 보고서를 위원회에서 우선적으로 고려할 것을 권고하는 바이다.

비서관

알렉산더 레이드Alexander D. Reid

오스틴B. L. Austin

레이먼드 콕스

대한(對韓) 정책

문제

1. 한국의 임시정부 수립 계획 작성, 그리고 모스크바 결정 제3조(한국) 2항에 명시된 공동위원회의 초기 권한 및 기능에 대하여, 북한 주재 소련군 사령부와의 협상 시 맥아더 장군에게 하달될 지침을 내리기 위한 정책 결정.

문제와 관련된 사실

2. 부록 'A' 참조.

논의

3. 부록 'B' 참조.

결론

4. 본 문서의 결론은 아래와 같다.

ⓐ 맥아더 장군은 모스크바 결정 3조(한국) 2항에 명시된 공동위원회의 조직과 신속한 회의 소집을 위해 북한 주재 소련군 사령관과 합의한다. 미 정부의 입장은 모스크바 결정에 의거하여 공동위원회가 아래와 같은 기능을 수행한다는 것이다.

　① 한국의 민주적 정당, 사회단체와 협의하여 임시정부 수립 계

획을 작성한다. 작성 목표는 소련, 중국, 영국, 미국 정부의 검토를 위해 계획을 제출하고, 이후 모스크바 결정의 한국 관련 부분 2항에 명시된 바와 같이 공동위원회의 미-소 정부 대표단에게 최종 결정을 얻는다.

② 한국 임시정부가 참여하는 가운데 한국 주민들의 정치, 경제, 사회적 진보와 한국의 민주 자치정부 발전, 민족 독립의 확립을 지원하는 방안을 수립한다. 이 방안들은 모스크바 결정의 한국 관련 부분 2항에 명시된 것과 같이 소련, 중국, 영국, 미국 정부의 공동검토를 위해 제출된다. 해당 방안에는 남북한의 현행 분할 통치를 대체할 정부체계에 대한 계획이 포함되어야 한다. 해당 계획은 한국인들이 효율적인 중앙행정을 조직 및 수행할 수 있는 능력 등의 요소에 따라, 모스크바 결정 발표 시기로부터 5년을 초과하지 않는 기한의 신탁통치 형식을 취할 수도 있다.

③ 남한의 미군 사령부와 북한의 소련군 사령부 간 경제적-행정적 문제의 항구적 협력관계 구축을 위해 필요한 조치를 취한다. 이 조치들은 바람직하다고 여겨지고, 모스크바 결정의 한국 관련 부분 4항에 명시된 아직 취해지지 않은 조치들을 말한다. 해당 조치를 통해 남북한의 민정이 공동위원회의 중앙통제 하에 통합될 것으로 보인다. 공동위원회의 중앙통제는 궁극적으로 '문민화'되어야 할 것이다.

ⓑ 공동위원회의 미국 측 구성원들은 한국 임시정부 수립 계획 작성을 최우선적이고 가장 긴급한 정치적 과업으로 간주해야 한다. 이

후 지시가 없는 한, 미 측 구성원들이 위의 4. ⓐ-②항과 연관된 문제를 논의하는 것을 금지한다.

ⓒ 한국 임시정부 수립과 그 기능을 원활하게 하도록 주한미군 사령관은 바로 한국 내 다양한 정치세력들이 신설 정부가 추진할 본질적인 민주적 개혁을 포함하는 정치, 경제, 사회 정책에 대한 기본적 합의에 도달하도록 장려해야 한다.

ⓓ 공동위원회의 미국 측 구성원들은 한국 임시정부 수립 계획 작성에 대한 소련 대표단들과의 협상에서 광범위한 자율권을 갖는다. 다만, 아래의 항목들은 미국 정부가 선호하는 입장에 대한 지침으로서 하달되었다.

① 공동위원회는 한국 임시정부 수립안 작성 시 협의 목적으로 한국의 대표적인 민주 지도자들을 선정해야 한다. 해당 대표자들은 한국의 민의를 가능한 한 반영하여야 하며, 한국 내의 모든 민주적 정당 및 사회단체와 완전한 협의 후에 선정되어야 한다. 실행 가능하고 바람직하다고 여겨질 경우, 대표자 선정 시 선거절차를 이용할 수 있다. 선정된 대표자들은 대표로서의 정치력과 대중적 지지를 가진 모든 민주적 정당과 사회단체 지도자들, 그리고 대표자로 선정되기에 충분한 전국적 명성을 가진 무소속의 한국인들이어야 한다. 보다 규모가 크고 강력한 정당과 단체는 그들의 정치력과 대중적 지지에 비례하는 수의 대표자를 가져야 한다. 우파 또는 명백한 좌파가 아닌 중도 및 중도 좌파 정당을 대표하는 강력하고 유능한 지도자들이 확실한 다수파가 되도록 대표자를

식별하고 선정하는 데 특별한 노력을 기울여야 할 것이다. 또한, 외세의 꼭두각시가 아닌 진정한 한국인을 대표자로 선정하도록 주의해야 한다.

② 공동위원회에서 상기된 지도자 집단의 선정 또는 구성방법에 대한 합의를 도출해내는 것이 불가능할 경우, 주한 미군 및 소련군 사령관은 각자의 책임 지역에서 따로 집단 구성원들을 선정하는 방안을 제안하도록 한다. 지도자 선정에서는 위에서 약술된 것과 동일한 일반 선정 원칙을 따라야 한다. 주한 미군 및 소련군 사령관이 각각 지도자 집단의 구성원을 선정할 경우, 대표자 수는 남북의 인구수에 어느 정도 비례하거나, 최소한 남북의 도ᵖ 숫자에 비례해야 한다.

③ 공동위원회는 한국 지도자 집단의 회의 및 숙박 장소를 제공해야 하며, 위치는 공동위원회 회의 장소로 이동이 편리한 장소로 한다. 또한, 공동위원회는 한국 내 기금으로 한국 지도자 집단의 활동비용을 부담해야 한다.

④ 한국 지도자 집단의 선정이 완료된 후, 공동위원회는 그들에게 공동위원회와의 협의 하에 한국 임시정부 수립 계획을 작성하도록 요청한다. 이 계획들은 공동위원회가 충분히 검토할 수 있도록 적당한 시간 내에 제출되어야 한다. 공동위원회는 바람직해 보이는 수정과 함께 이 계획들을 4개국에 검토를 위해 제출해야 한다.

⑤ 공동위원회가 제출하는 한국 임시정부 수립 계획은 아래의 항목과 원칙에 따라야 한다.

(a) 명칭은 정부의 임시적인 성격을 암시해야 한다.

(b) 임시정부의 조직은 단순해야 하며, 그 임시적 특성에 부합하여야 한다.

(c) 변화하는 필요와 새로운 기능을 충족시키기 위해 임시정부의 조직 변화를 가능케 하는 조항이 포함되어야 한다. 또한, 핵심 관리 선정에 있어 대중적 선거절차의 이용을 점진적으로 늘릴 수 있는 조항 역시 포함되어야 한다.

(d) 4 ⓓ-①항에서 명시하는 한국 지도자 집단의 구성원들 또는 집단의 특정 개인들을 임시정부의 핵심 요인으로 활용할 수 있다.

(e) 임시정부 초기 구성원들에 대한 확실한 계획안이 필요하다. 해당 계획안에는 임시정부 수립 계획에서 명시하는 임시정부 핵심 부서들을 맡을 인물들의 명단이 포함되어야 한다. 임시정부의 직책 배분에서는 기본적으로 4 ⓓ-①항에서 명시한 한국 지도자 집단의 선정 원칙을 준수해야 한다.

(f) 임시정부의 임무는,

　　(i) 모스크바 결정의 한국 관련 조항 1항에 명시된 것과 같이, 공동위원회의 감독과 통제 하에서 단계적으로 한국의 산업, 교통, 농업, 그리고 한국인의 민족 문화를 관리하고 개발하는 책임을 맡는 것

(ii) 공동위원회에 의해 부여받는 기타 행정 임무를 수행하는 것

(iii) 모스크바 결정의 한국 관련 조항 3항에 명시된 것과 같이, 공동위원회의 참여 및 관리 하에, 한국 주민들의 정치, 경제, 사회적 진보와 한국의 독립 및 민주적인 자치 발전을 위한 방안 작성에 참여하는 것

ⓔ 4. ⓓ-① 또는 ②항에 명시된 것과 같이 공동위원회 내에서 한국 지도자 자문단 창설에 대한 합의를 도출해내지 못한 경우, 주한 미군 사령관은 한국 임시정부 수립에 관련하여 공동위원회의 미국 측 구성원들에게 자문역을 수행할 그 같은 집단을 독자적으로 구성하도록 한다.

ⓕ 공동위원회의 한국 임시정부 수립 계획안 완성에서 미국 및 소련 정부의 최종 결정이 지체될 가능성을 고려해 공동위원회 미국 측 구성원들은, 해당 계획안의 4개국에 대한 제출과 미국 및 소련 정부의 최종 결정 이전에는, 제안서에 명기되었듯이 위의 4 ⓐ-③항에 따라 한국인들에게 행정 임무를 이양하는 데 (공동위원회에 의해) 바람직하다고 판단되는 예비 조치를 취할 권한이 공동위원회에 있다는 입장을 견지해야 한다.

ⓖ 협상의 성과와 진행 상황은 즉각적이고 누락 없이 미국 정부에 보고해야 한다.

부록 'A'

문제와 관련된 사실

1. 모스크바 결정 제3조(한국)의 내용은 아래와 같다.

Ⅲ. 한국

> 1) 독립 국가로서 한국을 재수립하고, 한국을 민주적 원칙 하에
> 발전시키는 조건을 창출하며, 일본의 장기 식민지배의 비참
> 한 결과를 한국에서 가장 빠른 시일 내에 제거하기 위해서
> 민주적인 한국 임시정부가 수립되어야 한다. 한국 임시정부
> 는 한국의 산업, 교통, 농업, 한국인의 민족 문화를 발전시키
> 기 위한 모든 필수적인 조치를 취한다.

> 2) 한국 임시정부 수립을 지원하고 적절한 조치를 미리 완성하
> 기 위해서, 남한의 미군 사령부와 북한의 소련 사령부의 대
> 표들로 구성된 공동위원회를 설립한다. 공동위원회는 계획
> 안 작성 시 한국의 민주적 정당 및 사회단체와 협의해야 한
> 다. 공동위원회가 작성한 권고사항은 소련, 중국, 영국, 미국
> 정부의 검토를 위해 제출하고, 이후 공동위원회의 미소 대표
> 단에게 최종 결정을 얻도록 한다.

> 3) 공동위원회는 한국 주민들의 정치, 경제, 사회적 진보와 한
> 국의 독립 및 민주적인 자치를 수행하는 방안을 한국 임시정
> 부의 참여 아래 강구하는 것을 과업으로 삼는다. 공동위원회
> 의 계획안은 한국 임시정부와 상의 후 한국에 대한 최대 5년

간의 4자 신탁통치에 관련된 합의를 도출하기 위해 미국, 소련, 영국, 중국 정부에 제출되어야 할 것이다.

4) 한국 남북부에 모두 영향을 끼치는 위급한 문제의 검토와 남한의 미군 사령부 및 북한의 소련군 사령부 간 항구적인 행정적-경제적 협력체계를 구성하는 방안을 논의하기 위하여, 남한의 미군 사령부와 북한의 소련군 사령부 대표단의 회의가 2주 안에 소집되어야 할 것이다.

2. 번즈 국무장관은 1945년 12월 30일 라디오 성명에서 모스크바 선언문의 한국 부분에 대하여 아래와 같이 발언하였다.

일본의 항복 이래, 한국의 행정은 매우 어려운 문제로 남아있다. 군사작전을 위해 한국은 38도선을 기준으로 미국, 소련 구역으로 나뉘어 있는 상태이다. 일본 항복 직후 이루어진 이 분단이 지속되는 것은 만족스럽지 못한 상황이다. 인원 및 물자 이동, 전국적 규모의 공공서비스 기능이 제한되어 있다.

모스크바에서 합의한 것과 같이, 양측 사령부는 미소공동위원회를 설립해 즉각적인 경제적, 행정적 문제를 해결해 나갈 예정이다. 그들은 미국, 소련, 영국, 중국 정부에게 한국 임시 민주 정부 수립에 대한 권고사항을 제출할 것이다. 그들은 또한 해당 4국 정부에게 한국이 5년 내 독립할 수 있도록 준비하는 4자 신탁통치와 관련된 제안을 제출할 것이다.

한국 임시 민주 정부와 함께 활동하는 미소공동위원회는 신탁통치를 생략할 수도 있을 것이다. 한국이 국가 공동체의 독립된 구성원이 되는 날을 앞당기는 것이 우리의 목표이다.

3. 1946년 1월 3일 자로 승인되어 3부조정위원회 문서 제176/13호의 부록 'A'로서 맥아더 장군에게 하달된 지침은 경제적–행정적 안건에 대하여 북한의 소련군 사령부와 협상할 수 있는 근거를 제공한다. 그러나 해당 지침은 정치적 사안에 대해서는 언급하고 있지 않다. 해당 지침은 아래와 같이 끝맺고 있다.

"3. 모스크바 결정의 한국 관련 조항 2, 3항과 관련하여, 미소공동위원회를 조기 소집할 것. 공동위원회 회의를 위한 초기 정치적 지침은 미 합참을 통해 3부조정위원회에서 하달될 것임."

논의

1. 모스크바 결정의 한국 관련 부분 제2, 3항은 공동위원회의 정치적 계획 임무를 명확하게 명시하고 있다. 모스크바 결정에 따르면 공동위원회는 4항에 언급된 바와 같이 회의에서 진행된 계획의 성과를 이어받아 남한의 미군 사령부 및 북한의 소련군 사령부 간 항구적인 행정적-경제적 협력체계를 구성하기 위해 노력할 것으로 상정된다. 이러한 항구적 협력체계는 공동위원회의 중앙통제 아래 최대한 신속하게 남북한 지역의 민간 행정체계를 통합시키는 형식으로 진행하는 것이 바람직하다. 변화하고 있는 조건들로 인해 공동위원회의 '문민화'가 결국 바람직한 방안이 될 것으로 전망된다.

2. 한국 임시정부의 조기 수립은 매우 바람직하다. 모스크바 결정의 조항들에 의하면 한국 임시정부가 구성되어 한국의 미래 계획 수립 과정에 참여하기 전까지 한국 내 군정 철수를 시작할 수 있는 중대한 조치를 수행할 수 없기 때문이다. 또한, 한국의 정치 활동을 파괴적인 비판에서 건설적인 방향으로 이끌기 위해, 한국 지도자들에게 정부 운영에 따르는 문제점에 대한 실무적인 경험을 얻게 하고, 향후 한국에서 국가 통치의 모든 책임을 이양받고 진정으로 책임 있는 대의 민주 정부의 성장을 촉진시키기 위해서 한국 임시정부의 조기 수립이 바람직하다. 따라서 공동위원회의 미국 측 구성원들은 분명히 한국 임시정부 수립 계획 작성을 최우선적이고 가장 긴급한 정치적 과업으로 삼아야 한다.

3. 한국의 정당과 세력 간에 합의와 통합이 존재하게 된다면, 한국 임시정부의 수립 및 원활한 운영을 촉진하는 데 큰 역할을 할 것이다. 특히 많은 기본적인 문제에서 한국인들의 입장이 주도적인 정치 정당 간의 합의를 통해 명확해진다면 공동위원회의 미국과 소련 구성원들 간 소통에 큰 도움이 될 것이다. 따라서 주한 미군 사령관은 조속히 한국 내의 다양한 정치 세력들에게 신설 정부의 정치, 경제, 사회 정책(필수적인 민주개혁 포함)에 대한 상호합의를 이루어 내도록 장려하는 것이 바람직하다.

4. 모스크바 결정의 한국 관련 조항 2항은 한국 임시정부 수립 계획안을 한국의 민주적 정당 및 사회단체와 상의할 수 있는 근거를 제공하고 있다. 이는 한국의 모든 민주적 정당과 사회단체를 대표하는 한국인 지도자 집단을 통해 수행하는 것이 가장 효율적이라고 판단된다. 이 집단은 대표성을 보증할 만큼의 충분한 정치력과 대중적 지지를 가진 모든 민주적 정당과 사회단체의 지도자들을 포함하여야 한다. 보다 규모가 크고 정치력이 강력한 정당과 단체는 각각의 정치력과 대중적 지지에 비례하는 수의 대표자를 가져야 한다. 한국 국민 전체를 대표하기 위해서는 대표로 선정되기에 충분한 전국적 명성을 지닌 무소속 한국인들 역시 대표단에 포함되어야 한다. 실행 가능하고 바람직하다고 여겨질 경우, 지도자 집단의 구성원 선정 시 선거절차를 이용할 수 있다. 다만, 실제로 선거절차를 통해 유능하고 민의를 대표하는 대표단이 선정되리라 판단될 경우에만 선거가 시행되어야 할 것이다. 해당 선거는 개별 정당과 단체 또는 개별 지방 또는 지역별로 시행될 수 있다.

5. '민주적'이라는 용어의 의미에 대한 합의가 항상 있을 수는 없기 때문에 공동위원회의 미국 또는 소련 측에서 민주적이라고 간주하는 한국의 정당, 조직, 개인은 양측 모두가 민주적이라고 간주하고, 미국과 소련 모두가 비민주적이라고 간주하는 정당, 조직, 개인은 한국 지도자 집단에서 제외한다는 원칙을 받아들이는 것이 최선일 것이다.

6. 한국 지도자 집단은 한국인 전체의 관점과 소망을 대표해야 하며, 정치적으로 미소 양측이 동의할 수 있도록 구성되어야 한다. 공산당과 같은 전체주의적 좌파, 지주와 자본가를 대표하는 우파 세력이 주도권을 쥐고 있는 집단은 한국 국민 전체를 대표하거나 미소 양측의 동의를 얻을 수 없을 것이다. 이러한 조건은 중도와 중도 좌파 세력이 명확한 다수를 이루는 집단이 가장 잘 충족시킬 수 있을 것이다. 따라서 우파 또는 명백한 좌파가 아닌 중도와 중도 좌파 정당을 대표하는 다수의 명확한 지도자들을 찾아내어 선정하는 데 특별한 노력을 기울여야 할 것이다. 이에 따라, 외세의 꼭두각시가 아닌 진정한 한국인을 대표자로 선정하도록 각별한 주의가 필요하다. 대표자들은 한국에서 잘 알려지지 않은 인사여서는 안 되며 한국인 자신들이 유능하고 한국에 거주하는 한국인들을 대표한다고 여기는 인사들이어야 한다.

7. 한국 지도자 집단의 선정에 있어 가장 만족스러운 방식은 전체적으로 공동위원회에 따른 방식일 것이다. 공동위원회에서 집단 구성에 대한 합의를 도출해내는 것이 불가능할 경우, 주한 미군 및 소련군 사령관은 각자의 책임 지역에서 따로 집단 구성원들을 선정하는 방안이 최상인 것으로 판단된다. 주한 미군과 소련군 사령관이 각각 대표자를 선정할 경우, 지도자들의 수는 남북의 인구수에 비례하는 것이 바람직하

다. 그러나 이 방안은 주한 미군 사령관이 총 2/3의 성원을 선정하게 되므로 공동위원회 소련 측 구성원들의 강한 반발을 불러일으킬 것이다. 한 가지 대안은 미소 사령관이 각각의 책임 지역 내 도(道) 숫자에 비례하는 수의 성원을 각각 선정하는 것이다. 미국 측 책임 지역 내에는 7.5개 도가, 소련 측 책임 지역 내에는 5.5개 도가 위치하고 있다.

8. 공동위원회는 한국 지도자 집단에게 한국 임시정부 수립 계획안의 초안을 작성하도록 요청하는 것이 바람직하다. 이는 한국 지도자들이 스스로 한국 임시정부 수립에 중요한 발언권을 가진다는 사실을 일깨워줄 것이다. 따라서 한국인들과 한국 지도자들이 한국 임시정부 수립 계획안을 진심으로 수용하고 지지할 확률을 크게 높일 것이다. 또한, 해당 조치는 기본적으로 미국의 관심 사항이 아닌 조직, 명칭, 절차의 세부사항을 결정하는 과업으로부터 공동위원회를 해방시키며, 한국인들 스스로 그러한 세부사항을 결정하는 책임을 갖게 될 것이다. 계획안은 미소 정부의 승인을 받아야 하기에, 한국 지도자 집단은 주요 문제에 대해 지속적으로 공동위원회와 협의하는 것이 바람직하다. 협의 과정은 공동위원회가 계획안을 4개국 정부 대표단에게 제출하기 전에 거쳐야 하는 검토 및 수정 과정을 용이하게 할 것이다. 한국 지도자 집단이 타당한 시일 내에 한국 임시정부 수립 계획안에 대한 합의하지 못할 경우 한국 대표단이 참여하지 않은 상태에서 공동위원회가 단독으로 계획안을 작성하게 될 수도 있다.

9. 한국 임시정부 수립 계획안의 초안은 가능한 한 신속하게 작성되어야 하기에, 공동위원회는 초안 작성을 담당하는 한국 지도자 집단에게 다른 어떠한 임무도 부여해서는 안 될 것이다. 공동위원회는 한국 지

도자 집단의 회의 및 숙박 장소를 제공해야 하며, 위치는 공동위원회 회의 장소로 이동하기 편리한 장소로 한다. 또한, 공동위원회는 한국 내 예산으로 한국 지도자 집단의 활동비용을 부담해야 한다. 그러나 한국 지도자 집단은 모스크바 결정에 근거한 조직이 아니라 공동위원회가 창설한 단순 자문 조직이기 때문에, 공식적으로 인정받을 수 없다.

10. 한국 임시정부는 이름 그대로 임시정부로서만 기능해야 하며 전환기 동안에만 존재해야 한다. 따라서 복잡한 헌법이나 정교한 조직이 필요하지 않을 것으로 판단된다. 임시정부의 조직은 단순해야 하며 임시정부의 특성에 부합하여야 한다. 즉 한국 임시정부 수립 계획안에는 정부의 제한된 임무와 권한으로 인해 실제 기능을 갖지 못하거나 전환기 동안 조직하고 운영하기 어려운 정부 부서나 조직에 대한 세부 계획이 포함되어서는 안 된다.

11. 임시정부의 임기 동안 정부 기능과 권한의 지속적인 확장이 있을 가능성이 예견된다. 따라서 변화하는 필요성과 새로운 기능을 충족시키기 위해 임시정부의 조직 변경에 관한 조항이 포함되어야 한다. 최초로 구성되는 한국 임시정부는 어떠한 종류의 대중 선거체계를 거치지 않고 직책에 선발된 인사들로 구성될 가능성이 크므로 상황이 허락한다면 핵심 관료의 선정에 있어 점진적으로 선거절차의 이용을 늘릴 수 있는 조항이 포함되도록 특별히 주의를 기울여야 한다.

12. 국민 투표에 의한 한국 임시정부의 핵심 관료 선정이 원칙적으로 바람직하나, 국민 투표를 위한 충분한 조직적 기반의 부족과 새로운 정부의 광범위한 대표성 확보 필요성으로 인해 즉각적인 국민 선거를 통해 주요 요인을 선정하도록 하는 조항을 삽입하는 것은 바람

직하지 않다. 상기 한국 지도자 집단은 강력하고, 유능하며 진정으로 한국인들을 대표하는 지도자들로 구성되고 미소 양측에 정치적으로 용인될 수 있도록 만들어질 것이다. 따라서 새로운 정부의 핵심 관료 선정 시 최상의 방안은 한국 지도자 집단이 인선을 맡고 공동위원회가 승인하는 것이다. 한국 지도자 집단의 구성원들이나 집단의 특정 개인들이 임시정부의 핵심이 될 것으로 보인다. 그렇게 될 경우, 미소 양측이 용인할 수 있고 진정으로 한국인들을 대표하는 새로운 지도자들을 선정하기 위해 공동위원회의 미소 양측이 장기적으로 협상하고 한국인들과 협의 할 필요가 없어지기 때문에, 새로운 정부의 수립은 쉬워질 것이다.

13. 한국 임시정부 수립 계획안에는 그것에서 명시하는 임시정부 핵심 관직을 맡을 인물들의 명단이 포함되어야 한다. 해당 조치로 인해 4개국 대표단은 제안된 정부의 실체를 파악할 수 있으며, 이는 수립되는 정부가 소수 세력에 의해 지배받지 않도록 보장하는 데 도움이 될 것이다. 따라서 임시정부 구성원 선정 시 기본적으로 6항에서 명시한 한국 지도자 집단 선정 원칙을 준수해야 한다. 해당 조치로 인해 6항에서 정의된 것과 같이 우파 또는 명백한 좌파가 아닌, 중도 및 중도 좌파 정당을 대표하며, 미소 양측이 용인할 수 있고 진정으로 한국인들을 대표하는 세력이 임시정부에서 주도적인 영향력을 가질 것이다.

14. 한국 임시정부의 행정 및 정치적 계획 임무는 모스크바 결정의 한국 관련 조항 1, 3항의 내용에 명확히 명시되어 있다. 계획에 유연성을 부여하고 임시정부의 기능과 권한에 확장성을 부여하기 위하여, 한국 임시정부가 공동위원회에 의해 부여된 기타 행정적 임무를 수행할

수 있다고 명시하는 것이 바람직하다. 또한, 한국 임시정부의 모든 기능과 임무는 공동위원회의 관리 또는 직접 통제 아래 수행된다는 내용을 명확하게 명시하는 것이 바람직할 것이다.

15. 공동위원회의 소련 측 구성원들에게 한국 지도자들로 구성된 자문단을 설립하려는 의지가 없을 가능성도 존재한다. 그러할 경우 주한 미군 사령관이 한국 임시정부 수립에 관련하여 자문역을 수행할 집단을 독자적으로 구성하는 것이 바람직하다. 그 같은 집단이 대부분 자유주의적인 성향을 띠며 파시즘적이나 반동적이라는 비난을 받지 않도록 각별한 주의를 기울여야 할 것이다. 유능하고 진정으로 한국인을 대표하는 한국 지도자 집단과의 지속적인 협의를 통해, 공동위원회의 미국 측 구성원들은 소련 측 구성원들과의 협상에서 더욱 공고한 위치를 점할 수 있을 뿐만이 아니라 한국인들의 진정한 관점과 소망을 좀 더 명확하게 파악해 계획 수립에 큰 도움을 받을 수 있을 것이다.

16. 공동위원회의 한국 임시정부 수립 계획안 완성과 미국 및 소련 정부의 최종 결정 사이에 지연이 생길 가능성을 고려하여 공동위원회는 해당 계획안의 4개국 제출과 미소 정부의 최종 결정 이전 시점에서는 해당 계획안에 따라 한국인들에게 행정 임무를 이양하는 데 필요한 예비 조치를 취할 권한이 위원회에 있다는 태도를 견지하는 것이 바람직하다. 해당 조치는 모스크바 결정 한국 관련 부분 4항에 근거하여 한국 내 항구적인 행정적-경제적 협력체계를 구축하려는 조치로 정당화될 수 있다. 따라서 해당 조치는 계획안에 대한 최종 결정에 영향을 주지 않을 것이다. 한국 임시정부 수립 최종 계획은 공동위원회의 기존 계획안과 큰 차이점이 없을 것으로 보인다. 따라서 계획안에 근거하여 행

정적 임무와 기능의 한국 이양을 촉진하기 위해 추진할 공동위원회의 예비 조치는 한국 임시정부의 조기 수립과 효율적인 운영에 직접적인 도움을 줄 것이다.

16

미소공동위원회 제7차 회의록

KWUB-0096, NARA

1946년 1월 26일 회의록

본부—미소공동위원회 : 서울, 한국

1946년 1월 28일

회의는 의장인 아놀드 소장에 의해 13시에 시작되었다.

미국 대표단을 대표하여 아놀드 소장, 스팔딩 소장, 베닝호프 씨, 부스 대령, 브리튼 대령, 언더우드 대령, 헐리 대령, 코르넬슨 중령이 참석했고, 소련 대표단을 대표하여 쉬띄코프 상장, 차랍킨 전권공사, 샤닌 소장, 로마넨코 소장, 발라사노프 고문, 부투조프 대좌, 마누키안 고문 그리고 고문 카르쿨렌코 중좌가 참석했다.

아놀드 장군은 남한의 인구, 쌀 생산 및 소비에 관해 준비된 보고를 낭독하며 개회하였고, 정확한 수치를 확정하기 위해 공동 식량위원회 임명을 권고했다. 그리고 회의에서 공동의제 1, 3, 8, 6, 9항을 논의하자고 제안했다.

쉬띄코프 장군은 권고된 위원회 활동이 회의를 지연시킬 것이며, 북에서 남으로의 물자교환에 대해 북으로의 상품 상호보답이 있어야 하며 그 2/3는 식료품이어야 한다고 언급했다.

   회의의 균형은 식량 상황에 관한 토론과 관련 있었다. 아놀드 장군은 북과 남이 유사한 식량문제에 직면했음을 가리키는 수치들을 제시했다. 쉬띄코프 장군은 북의 식량 상황이 재앙까지는 아니더라도 특히 최북단 3개 지방에서 심각하다고 언급했다. 연합국구제부흥기관(UNRRA)으로의 지원 요청 계획도 거론되었다.

   아놀드 장군은 의장으로서 16시 34분 공식적으로 휴회를 선언했다.

   이하 아놀드 소장과 쉬띄코프 상장의 서명

17

러시아의 제안 목록 1

민주적 정당과 사회단체들과의 협의 절차에 대한

소련 최고 사령부 대표의 제안

KWUB-0097, NARA

민주적 정당과 사회단체들과의 협의 절차에 대한

소련 최고 사령부 대표의 제안

---

1. 공동위원회와 협의할 민주적 정당과 사회단체는 공식적으로 인정되어야 한다.

2. 공동위원회는 한국에 관한 모스크바3상회의의 결정에 반대하는 의견을 지닌 정당과 단체와 협의해서는 안 된다.

3. 정당과 사회단체들과의 협의 절차는 아래와 같이 확정될 것이다.

   ⓐ 미소공동위원회는 민주적 정당과 사회단체에 한국 임시 민주 정부와 지방정부 기구들에 대한 정치적 견해, 조직원칙 문제와 관련된 의견을 개진해 주기를 요청한다.

   ⓑ 공동위원회는 ⓐ에서 다뤄진 문제에 대한 민주적 정당과 사회단체의 견해를 받아 숙고한 후, 그들과 함께 한국 임시정부에 포함될 후보자 명단을 논의해야 한다.

4. 민주적 정당과 사회단체의 제안을 연구하고 통일된 결정을 고안하기 위해 공동위원회는 필요한 숫자의 분과위원회를 창설할 것이다.

5. 남한의 민주적 정당 및 사회단체와의 협의가 완료될 때, 공동위원회는 북한의 민주적 정당과 사회단체와의 협의를 위해 평양시로 출발할 것이다.

18

러시아의 제안 목록 2
위원회 업무와 문제 해결 절차에 대한 소련군 사령부 대표의 제안

KWUB-0098, NARA

위원회 업무와 문제 해결 절차에 대한 소련군 사령부 대표의 제안

모스크바3상회의의 결정 제3조 2항과 3항에 따라, 미소공동위원회의 업무는 다음의 두 단계로 나누어진다.

ⓐ 모스크바3상회의의 결정에 따른 한국 임시 민주 정부의 인적 구성에 대한 추천안 고안
ⓑ 모스크바3상회의의 결정에 따른 한국인의 정치적, 경제적, 사회적 진보와 민주적 자치정부의 발전, 한국 주권 독립의 확립을 위한 원조와 지원(신탁통치) 조치 고안

아래의 의제는 위원회 업무의 첫 단계를 위해 채택되었다.

① 한국에서의 미소공동위원회 업무 방식 결정
② 위원회가 협의할 정당과 사회단체 명단 작성

③ 한국 임시 민주 정부와 지방정부 기관의 구조와 조직의 원칙에 대한
  추천안 고안

④ 정부의 정치 강령 고안

⑤ 한국 임시 민주 정부의 인적 구성을 위한 추천안 고안

19

러시아의 제안 목록 4
한국에서의 미소공동위원회 운영 방식

KWUB-0099, NARA

주제 : 모스크바3상회의 (한국 문제)

본부―주한미군사령부 : APO 235 (24군단)

부관참모 001 (군 인사)

1946년 3월 8일

수신인 : 배부선 참조

참조용으로 모스크바3상회의 결정(전쟁부 라디오 WCL 32355)의 일부가 인용됨.

제3조 – 한국

1) 독립 국가로서 한국을 재수립하고, 한국을 민주적 원칙 하에 발전시키는 조건을 창출하며, 일본의 장기 식민지배의 비참한 결과를 한국에서 가장 빠른 시일 내에 제거하기 위해서 민주적인 한국 임시정부가 수립되어야 한다. 한국 임시정부

는 한국의 산업, 교통, 농업, 한국인의 민족 문화를 발전시키기 위한 모든 필수적인 조치를 취한다.

2) 한국 임시정부 수립을 지원하고 적절한 조치를 미리 완성하기 위해서, 남한의 미군 사령부와 북한의 소련 사령부의 대표들로 구성된 공동위원회를 설립한다. 공동위원회는 계획안 작성 시 한국의 민주적 정당 및 사회단체와 협의해야 한다. 공동위원회가 작성한 권고사항은 소련, 중국, 영국, 미국 정부의 검토를 위해 제출하고, 이후 공동위원회의 미소 대표단에게 최종 결정을 얻도록 한다.

3) 공동위원회는 한국 주민들의 정치, 경제, 사회적 진보와 한국의 독립 및 민주적인 자치를 수행하는 방안을 한국 임시정부의 참여 아래 강구하는 것을 과업으로 삼는다. 공동위원회의 계획안은 한국 임시정부와 상의 후 한국에 대한 최대 5년간의 4자 신탁통치에 관련된 합의를 도출하기 위해 미국, 소련, 영국, 중국 정부에 제출되어야 할 것이다.

4) 한국 남북부에 모두 영향을 끼치는 위급한 문제의 검토와 남한의 미군 사령부 및 북한의 소련군 사령부 간 항구적인 행정적-경제적 협력체계를 구성하는 방안을 논의하기 위하여, 남한의 미군 사령부와 북한의 소련군 사령부 대표단의 회의가 2주 안에 소집되어야 할 것이다.

하지 중장의 명령에 따라 작성됨.

찰스 에니스Charles Ennis의 서명

대령, 부관부

부관참모

배부선

'B' + 50

미소공동위원회

한국에서의 미소공동위원회 운영 방식
공동위원회 운영

1. 구성과 기능

공동위원회는 소련군과 미군 사령부 대표단으로 구성된다. 각 대표단은 단장(의장)과 네 명의 위원으로 구성된다. 양측 대표단은 필요한 만큼의 고문과 전문가들을 쓸 수 있다.

공동위원회의 과제는 모스크바3상회의 한국 관련 결정 제3조 2항과 3항의 내용을 이행하는 것이다.

2. 의장직

각 대표단의 의장이 매주 번갈아 맡으며, 예외적 상황에서는 양측 합의 하에 빈번한 교체가 가능하다.

위원회 의장의 부재 시 의장은 위원회 구성원 중 한 명을 대리로 임명한다.

필요할 경우 만들어지는 분과위원회 의장은 회의마다 교체한다.

3. 회의

공식적으로 회의는 양 위원회의 대표들이 결정하는 만큼 개최한다. 필요한 경우, 각 대표는 추가 회의를 요청할 수 있다.

4. 회의 참석

위원회 회의에는 대표단장들(부재 시 지정된 대리인들), 위원회 구성원들, 양 대표단의 고문과 전문가, 양 대표단의 단장들이 합의하여 특별히 초청한 한국의 민주적 정당과 사회단체의 대표들이 참석할 수 있다.

5. 회의 의제 준비

각 회의에 앞서 의제, 결의안 초안 그리고 기타 필요한 문서들이 사전 배포되어야 한다. 이는 회의 2~3일 전에 완수되어야 한다.

의제, 결의안 초안, 기타 필요한 문서들은 회의를 주재하는 대표단장의 비서가 준비해야 한다. 그러나 각 위원회 위원장은 모스크바3상회의 결정의 제2항과 3항에 따라 정해진 바대로 위원회가 기능하면서 나타난 문제라면 어떤 것이라도 의제에 포함시킬 권한을 가진다.

마지막으로 의제는 각 회의 개회 시 위원회의 승인을 받는다.

6. 위원회의 문서

위원회의 기본 문서는 다음과 같다. 의제, 각 회의의 회의록, 위원회 결의안, 공식 성명과 언론 발표

모든 문서는 양 대표단의 비서단들에 의해 편집된다. 문서들은 상호 확인 및 수정을 거쳐, 대표단장 또는 지명된 단장 대리에게 제시하여 서명을 받는다.

회의록은 대표단장 또는 지명된 단장 대리의 승인 후 최종 공식문서로 간주된다.

일반적으로 이전 회의 회의록의 승인은 차기 회의 의제의 제1항이 된다.

구성원들에게 배포되는 문건의 편집, 번역과 배포는 양측 대표단에게 맡기며, 양측 비서단에 의해 수행될 것이다. 이러한 문서들은 원칙적으로 사전검토를 위해 회의 시작 24시간 전까지는 배포되어 있어야 한다.

공식적인 진술, 성명, 결정, 인터뷰에 대한 러시아어, 영어, 한국어 인쇄 출판은 양측 대표단장의 권위와 상호합의에 따라 진행한다.

7. 언어

회의는 영어와 러시아어로 진행된다. 필요한 문서는 대표단장들의 상호 지시에 따라 한국어로 번역될 것이다.

소련 대표단장

쉬띠코프 상장

러시아의 제안 목록 6

KWUB-0100, NARA

미소공동위원회 업무 진행 상황 관련 공동성명서 발표에 대한

소련군 사령부 대표의 결정문 초안

비밀사본 1호

본부―미소공동위원회 : 서울, 한국

미소공동위원회 업무 진행 상황 관련 공동성명서 발표에 대한

소련군 사령부 대표의 결정문 초안

1. 한국 임시 민주 정부 구성을 돕기 위한 공동위원회는 각 쟁점 해결 후에 배포되는 공동성명서를 통해서만 위원회 업무의 진행 상황을 언론과 한국 대중에게 알리며 이는 적어도 일주일에 한 차례 이상이 될 것이다.

2. 위원회, 분과위원회, 공동위원회의 기타 하위기관의 회의록은 비밀로 취급될 것이며 대표단장들 간에 상호 합의된 것들 외에는 언론에 공개되지 않을 것이다.

러시아 문서로부터 번역됨

러시아의 제안 목록 12

업무단계에 대한 소련 대표단의 제안

KWUB-0101, NARA

업무단계에 대한 소련 대표단의 제안

미소공동위원회는 한국 문제에 관한 모스크바3상회의 결정의 제3조 2항과 3항의 이행을 위해 미소공동위원회의 업무를 두 단계로 나눌 것을 결의한다.

1단계에서는 한국에 관한 3조 2항을 수행한다. 즉 한국 임시 민주 정부를 구성한다.

2단계에서는 3조 3항을 수행한다. 한국 임시 민주 정부의 참여 아래 한국인의 경제적, 사회적 진보, 민주적 자치 정부의 발전 그리고 한국의 국가 독립을 지원하고 보조(신탁통치)할 조치들을 실행한다.

러시아의 제안 목록 13
미소공동위원회 작업 계획

KWUB-0102, NARA

미소공동위원회 작업 계획

미소공동위원회 : 한국, 서울

공동위원회 활동은 두 가지 단계로 이뤄질 것이다.

① 한국 문제에 관한 모스크바 결정 제2항의 이행
② 한국 문제에 관한 모스크바 결정 제3항의 이행

위원회 활동의 1단계는 아래의 문제들을 처리할 것이다.

① 민주적 정당과 사회단체들과의 협의 조건과 절차
② 미래의 한국 임시 민주 정부를 위한 정치적 강령과 여타 적절한 조치들의 사전 고안
③ 한국 임시 민주 정부와 지방정부 기구의 조직구조와 원칙(임시 헌장)을 위한 권고안 고안

④ 한국 임시 민주 정부의 인력에 관한 권고안 고안

23

러시아의 제안 목록 15

공동의제 제1항 관련 공동분과위원회 보고서에 대한

소련 사령부 대표들의 제안과 의견

KWUB-0103, NARA

공동의제 제1항 관련 공동분과위원회 보고서에 대한

소련 사령부 대표들의 제안과 의견

　공동위원회의 소련 사령부 대표들은 공동분과위원회가 제출한 보고서를 유심히 검토했고 공동위원회가 협의해야 할 민주적 정당과 사회단체들의 조건에 대해 양측 대표들이 표명한 주제들을 재차 분석했다. 게다가 우리는 4월 3일의 공동위원회 회의 중 아놀드 장군의 언급에서 제기된 소련의 제안에 대한 반대 의견을 검토했다.

　소련 측 대표들은 한국과 관련된 모스크바회의 결정을 이행하는 데 올바르고 필요한 방법에 대한 의견과 이해를 일련의 문서와 성명서를 통해 표명했다. 우리의 의견은 다음과 같다.

　　ⓐ 모스크바3상회의 결정은 가장 세세한 부분까지 실행되어야 한다. 한국인들은 그들의 위대한 동맹국들의 도움을 받아 정부를 갖추고 독립을 이루어야 한다.

ⓑ 소련 측 대표들은 한국 정부가 민주적 정당과 사회단체들의
조언에 따라 창설되어야 한다고 주장했으며, 지금도 그러하다.

협의하기에 앞서 우리가 누구와 협의할지 알아야 한다. 이러한 이유
로 우리는 다음 사항을 우리의 제안서 제1항으로 포함시켰다. "공동위
원회와 협의할 민주적 정당과 사회단체는 공식적으로 인정되어야 한
다." 이 조건을 주장하는 소련 대표단은 그같이 중요한 문제에 대한 협
의를 분리된 개인이나 소집단들이 아니라 민주적 정당과 사회단체들과
해야 한다고 믿는다. 그 정당과 단체들은 공표되고 얻어낸 그들의 강령,
언론기구, 대중과의 결합을 통해 한국 대중에게 널리 알려져 있어야 한
다. 그러한 정당들만이 공동위원회와 협의할 권리를 가진다. 미국과 소
련 사령부는 한국인의 이익을 위해 공개적으로 활동하는 정당과 단체
들의 활동에 대해 항상 고지받아야 한다. 또한 대표단은 이러한 민주적
정당과 사회단체의 등록, 강령, 언론기구와 중앙기구(사무실)의 등록을
통해 그들의 존재에 대해 고지받아야 한다.

제2조

모스크바회의의 결정을 인정하고 지지하는 민주적 정당과 사회단체
와만 협의하자는 우리의 제안서 제2항과 관련하여 — 이 문장은 공동분
과위원회 미국 대표의 언급에서 아놀드 장군이 표현한 것보다 훨씬 더
깊은 의미를 갖는다.

소련군과 미군은 일본군을 전멸시키고 무장 해제시켰으며 한국에서
일본의 지배를 일소하였다. 한국인들은 수년 동안 존재했던 일본의 멍
에로부터 해방되었다.

소련과 미국은 더욱 중요한 문제 — 즉, 민주적 기초 위에 정부를 세우도록 한국인들을 돕는 문제 — 에 직면했다. 연합국의 호의와 염원이 표명된 기본 문서는 한국에 대한 모스크바3상회의의 결정이다. 이 결정을 수락함으로써 3개국 대표들은 한국이 자유롭고 민주적인 국가이어야 함을 한국인들은 물론 전 세계 앞에서 선언하였다. 이 결정은 한국을 자유롭고 독립한 국가로 탈바꿈시킨다는 연합국의 계획을 담고 있다. 한국인의 대다수는 이 결정을 호의적으로 받아들였다. 소련 대표단은 다수의 결의, 회의, 문서 등을 통해 북부의 한국인들이 이 결정을 예외적으로 열렬히, 완전히 동의하며 수용하였음을 알게 되었다. 그들은 이 결정이야말로 진정한 자유와 독립을 보장하는 것으로 받아들였다.

소련 측 대표들은 북한에서 이 결정에 대한 반대의 개별 사례들을 알고 있고, 남한에서 이 결정에 대한 몇몇 정당들과 사회단체들의 반대에 대해 신문을 통해 알고 있다.

소련 측 대표들은 모스크바회의 결정에 대한 반대의 이유가 두 가지 이유로 설명될 수 있다고 판단한다.

1. 공동분과위원회에서 테이어Thayer 씨가 모스크바회의 결정에 적힌 'trusteeship'이라는 단어가 보호령 또는 위임통치령이라는 뜻을 내포하는 '신탁'이라는 단어로 잘못 번역되었다고 설명했다. 물론 우리는 이런 의미의 'trusteeship'을 반대하는 데에는 충분히 공감하지만 알려졌다시피 모스크바회의 결정은 보호령이나 위임통치령을 예지하고 있지 않다.

2. 신탁통치에 대한 반대는 한국인들의 실책도 아니고 그들이 원하

는 바도 아니다. 이 반대 운동은 민중으로부터 분리되어 일본 치하 35년 동안 한국인들이 겪었던 고초를 경험하지 않은 반동분자들이 조직한 것으로 보인다. 이 반대 운동은 몇몇 정당의 소위 '지도자'들과 그 부역자들이 조직했는데 그들은 모스크바회의 결정으로 인해 자신들의 반민주적 의도가 실패하리라고 예견했다. 이 '지도자'들은 한국에서 권력을 쟁취할 기반을 갖고 있지 않다. 그들이야말로 한국이 민주 국가가 될 것이고 한국인들이 자신들의 국정 운영에 직접 참여할 것이라는 연합국들의 결정을 좋아하지 않는 이들이다. 이러한 당의 '지도자'들과 그들의 동료 옹호자들은 그들의 이익을 위해 의도적으로 모스크바회의 결정의 본질을 왜곡했다.

이것이 모스크바회의 결정을 반대하는 자들과 대화하지 않고 조언을 받지 않는다는 조건을 소련 사령부가 내건 이유이다. 우리는 이러한 지도자들과 그들의 동료 옹호자들의 행동에 대한 미국 사령부 대표들의 자세를 이해할 수 없다. 또한, 우리는 공동분과위원회에서 미국 사령부 대표들이 한 발언과 모스크바회의 결정에 대한 아놀드 장군의 발언에 내포된 의도를 이해할 수 없다.

우리에게는 소련 측 대표들이 모스크바회의 결정을 보호하고 공동위원회에서 미국 측 대표들에게 모스크바회의 결정의 정당성을 증명해야 한다는 사실이 의아해 보인다.

미국 대표들이 알아야 하는 것은, '신탁통치'라는 단어가 나오는 제3항에 연합국들이 민주적 정부와 함께 한국인들의 정치적, 경제적, 사회적 발전, 민주적인 자치 정부의 발전, 한국의 국가 독립 등을 돕고 지원할 방법들을 강구할 계획이 그려져 있다는 점이다. 몇몇 국가들이 다른 민족의 식민화를 목적으로 사용하는 '신탁통치'와는 전혀 다른 개념이다. 모스크바회의 결정으로 예견된 신탁통치는 한국인들에게 그들만의 정부를 부여하고, 민주주의를 반동으로부터 보호하고 역사상 가장 이른 시일 내에 이전의 식민지를 민주적인 자유 독립 국가로 전환한다.

소련과 공동위원회의 소련 측 대표들은 한국인들이 새로운 국가를 창설하고, 한국인의 민주적 권리와 자유를 보장하고 법제화하며, 이를 기반으로 이른 시일 내에 한국이 자유 독립 국가가 되는 것을 보기 위해 최대한 돕기를 원한다. 한국이 연합국의 도움이 필요 없다는, 즉 그들 스스로 정부를 창설하겠다는 몇몇 반동적 지도자들의 발언은 단지 한국에서 권력을 장악하여 국가의 민주화를 막겠다는 시도일 뿐이다. 이는 민중이 국가 통치에 참여할 권리를 박탈하려는 시도이다. 모스크바회의 결정을 반대하는 그런 지도자들은 연합국에 적대적이고 이따금 중상모략하기도 하며, 오늘날까지 한국인들과는 전혀 공통점이 없는 사람들이며, 한국인의 진정한 의지와 열망을 대변할 능력이 없는 사람들이다. 이런 지도자들은 권력을 쟁취하기만을 원하지만, 한국인들은 민주주의와 진정한 독립을 쟁취하기를 원한다. 한국인들은 자신들의 임시 민주 정부가 한국인 모두의 희망과 갈망을 대변하기를 바라고 있다. 한국인들은 이런 정부가 모스크바회의 결정의 실현 결과로서 미국과 소련이라는 두 위대한 연합국의 도움이 있어야만 이루어질 수 있다는 것을 안다.

소련 측 대표들은 모스크바회의 결정과 연합국의 도움에 반대하는 대대적으로 여론을 선동하는 몇몇 지도자들의 행동을 '위대한 애국심'

의 표현으로 여길 수 없고, 단지 자신들만의 목적과 이익을 위해 권력을 쟁취하려는 목적으로 민중을 호도하고 강대국들의 권위를 실추시키는 의도라고 판단한다.

이러한 이유로 소련 대표들은 전 세계와 한국인들 앞에서 한국인의 미래에 대한 책임을 짊어진 소련과 미국이 한국의 조속한 재탄생의 입장에서 실질적이고 필수적인 지원을 예견하는 모스크바회의 결정에 반대하는 반동분자들과 협상을 시작하는 것은 큰 실수라고 생각한다.

아놀드 장군은 자신의 발언에서 이러한 정당들이나 그 지도자들과 협상을 하지 않는 것은 미국 민주주의의 정신에 어긋나는 행위이며, 소련 측 제안을 수락하는 것은 미국 정부에 의해 즉시 거부될 것이라는 의견을 피력했다.

우리도 미국 대표단에게 소련 인민들이 우리 공동위원회를 이해하지 못했을 것이며 앞으로도 이해하지 못할 것임을 확실히 밝힌다. 우리가 모스크바3상회의 결정에 반대하는 그 대표들, 즉 독립 한국을 민주적 기반 위에서 창설하려는 강대국들의 뜻에 반대하며 이 결정과 연합국들의 뜻에 반대하도록 민중을 선동하는 반동분자들과 협상하고 이들의 임시정부 참여를 허락한다면 말이다. 우리 정부는 그러한 결정을 거부할 것이다.

만약 모스크바회의 결정에 대한 남한 몇몇 정당들의 동의와 지지가 이 정당들을 거짓과 은밀한 동기의 혐의로써 고발할 충분한 근거라고 미국 대표단이 여긴다면, 그리고 만약 북한에서 모든 민주적 정당과 사회단체, 북한 인민의 압도적 다수가 모스크바회의 결정을 승인하고 전폭적으로 지지하고 있다면, 아놀드 장관의 평가에서는 한국인들이 현재 내부 불화에 휩싸여있다고 말할 수 있다. 만약 상황이 이렇다면 모스크바회의 결정에 대한 미국 대표단의 의견이 궁금해질 것이다. 도대체 누구의 이익을 위해 그 결정이 채택되었는가?

제3조

모스크바3상회의 결정을 되도록 이른 시일 내에 실현하고 지체 없는 한국 임시 민주 정부의 구성에 대한 한국인들의 열망과 영감을 충족시키고자 하는 갈망 하나로만 임해 온 소련 대표단은, 미국 대표단에 양보하며 다음과 같은 조건 아래에서 모스크바회의 결정에 반대하는 정당들과 사회단체들의 협의 참여를 승인할 준비가 되어 있다.

ⓐ 이 정당과 사회단체가 모스크바3상회의의 결정을 지지한다는 결의안을 그들의 중앙 기관을 통해 통과시키고, 이러한 자신들의 지지를 언론과 라디오를 통해 공개적으로 선언한다.

ⓑ 이 선언들에는 모스크바3상회의 결정이 규정한 진실된 목표와 과업에 대해 그들의 지역 하위기관들을 호도하고 언론을 통해 한국 인민들을 호도한 지도부를 규탄하는 결정이 포함되어야 한다.

ⓒ 정당과 사회단체의 지도자들이 모스크바회의 결정을 반대했고, 이러한 지도자들 상당수가 연합국, 특히 소련에 대해 노골적인 적대감을 표현해 왔으며 지금도 표현하고 있음을 감안할 때, 미소공동위원회는 그들을 신뢰할 수 없다. 이러한 입장에서 공동위원회는 그들과의 협의를 불허하며, 나아가 그들이 임시정부에 참여하는 것을 불허한다.

소련 측 대표단은 새로 구성되는 임시 민주 정부에 반민주적 분자들이 있을 수 없다는 점을 주장하며, 이를 앞으로도 확고히 주장할 것이다. 그들의 참여를 결코 허락할 수 없다.

24

러시아의 제안 목록 16
민주적 정당과 사회단체들과의 협의 절차에 대한 소련 대표단의 추가 제안

KWUB-0104, NARA

민주적 정당과 사회단체들과의 협의 절차에 대한 소련 대표단의 추가 제안

---

1. 위원회가 수용한 조건들에 따라 작성된 민주적 정당과 사회단체의 제안된 명단에서 남한은 미국 사령부가, 북한은 소련 사령부가 조사를 위해 공동위원회에 제출한다.

2. 위원회는 조사를 위해 제안된 명단을 분과위원회에 전달하고, 분과위원회는 조정된 명단을 작성하여 승인을 받기 위해 공동위원회에 제출한다.

3. 민주적 정당과 사회단체 명단에 대한 승인이 이루어진 이후 공동위원회는 이들 정당과 사회단체의 중앙 기관에 서한을 통해 이들이 공동위원회와의 협의에 초청되었고 이를 위해 대표를 지명해야 함을 공식적으로 통지한다.

4. 정당과 사회단체 대표들의 자격요건에 대한 조회를 완료한 후에, 위원회는 정해진 시간에 그들을 협의에 초청한다. 첫 번째 협의에는 초청된 모든 정당과 사회단체의 대표들이 참석할 것이다. 소련 대표단장이 이 협의를 서울에서 주재할 것이다. 미국 대표단장은 상응하는 협의

를 평양에서 주재한다. 협의의 의제는 아래와 같다.

    ⓐ 공동위원회와 협의할 정당과 사회단체의 명단 발간

    ⓑ 협의 절차와 의논할 문제에 대한 공동위원회 결의안의 발간

      (정치적 강령 작성, 정부 및 지방정부 기관 조직의 원칙 고안)

협의 의제의 첫 번째와 두 번째 항목은 협의가 개최되는 지역의 대표 단장이 제시한다. 정당과 사회단체 대표와의 후속 회의를 위해 의장직과 의제는 각 협의에서 공동위원회가 승인한다.

5. 공동위원회의 제안을 수신한 후, 민주적 정당과 사회단체는 반드시 지방조직의 대표들과 중앙 기관에서 회의를 통해 논의하고 공동위원회가 제시한 문제에 대해 자신들의 제안을 작성해야 한다.

6. 위 문제들과 관련된 제안은 문서로 작성되어야 하며, 각 정당과 사회단체 대표들이 서명하여 공동위원회에 제출해야 한다.

7. 이러한 방식으로 접수된 민주적 정당과 사회단체들의 제안은 조사를 위해 해당 분과위원회(정치 강령의 고안, 임시정부와 지방정부 기관의 구조 결정에 관련된)에 전달된다. 제안의 조사 과정에서 각 분과위원회는 문제들을 협의하고 명료화하기에 적합하다고 판단되는 정당과 사회단체의 권위 있는 대표들을 상호합의 하에 회의에 초청한다. 분과위원회는 결정사항에 관하여 조정된 기획안을 작성해야 하며, 공동위원회에 이를 제출해 검토받는다.

8. 민주적 정당과 사회단체들의 제안과 분과위원회가 제출한 결의 초안에 대한 논의가 진행되는 동안 공동위원회는 협의에서 논의될 제안을 개진한 정당과 사회단체 대표들을 상호합의 하에 초청한다.

9. 남북한 양측의 민주적 정당과 사회단체들의 제안을 논의하고 4항

에 언급된 문제와 관련하여 조정된 결의안을 수용한 후에 공동위원회
는 임시정부 구성과 관련된 문제들을 검토한다.

25

미소공동위원회 제28차 회의록

KWUB-0105, NARA

회의록―28번째 회의

미소공동위원회 : 한국 서울, 덕수궁

1947년 5월 31일 13 : 30

참석자

소련 대표단 : 쉬띠코프 상장(의장), 툰킨G. I. Tounkin 일등 자문위원, 레베데프N. G. Lebedeff 소장, 발라사노프 이등 자문위원, 코르쿨렌코T. I. Korkulenko 대좌

미국 대표단 : 브라운A. E. Brown 소장, 번스A. C. Bunce 씨, 존 웨컬링John Weckerling 준장, 조이너Calvin N. Joyner 씨, 링컨L. J. Lincoln 대령

그 외 고문들과 기술전문가들도 참석함

비서관들

아브라멘코I. T. Avramenko 대좌 (소련)

에드워즈W. H. Edwards 중령 (미국)

의제

1. 이전 회의 회의록의 승인

2. 정당, 사회단체들과의 협의 규정에 관한 토론 재개

3. 미래의 한국 임시 민주 정부를 위한 정치 강령에 대한 설문 결과 관련 제2분과위원회 보고서

4. 공동 언론 성명서

5. 다음 회의 시간 결정

1. 이전 회의 회의록의 승인

1947년 5월 23일과 29일의 26번째, 27번째 회의록은 각각 승인 준비가 되지 않았다.

다음 의제를 고려하기 전 쉬띄코프 장군은 공동위원회 작업의 공보 규정의 결정 검토에 관하여 지난 회의에서 소련 대표단이 제시한 제안을 다시 논의하자고 제안했다(첨부문서 1).

쉬띄코프 장군은 이 결정의 검토 이유로 다음을 제시했다.

ⓐ 신문 『성조기(Stars and Stripes)』의 한 기자는 공동위원회에 의해 승인되었다고 추정되는 결정이 공동위원회의 작업을 알리기 위해 언론 대표들과 비공식 회의를 열 권리를 미국 대표단장에게 줬다는 브라운 장군의 성명을 언급했다. 실제로 그런 결정은 없었다.

ⓑ 소련 대표단장은 미국 대표단장과 동등하게 기자회견을 할 권리를 갖

는다.

ⓒ 따라서 모든 애매함과 오해를 피하고자 소련 대표단은 양측 대표단장들에게 재량과 상호 결정에 따라 기자회견을 열고 언론 대표들에게 공동위원회의 작업을 알릴 권한을 줄 것을 제안한다.

쉬띠코프 장군의 제안에 브라운 장군은 다음과 같이 말했다.

ⓐ 미국 대표단장은『성조기』에 실린 성명을 부인했다. 이 성명은 해당 문제에 대한 미국 기자의 해석이었다. 정보가 완전하지도 정확하지도 않을 때, 미국 기자들은 자주 추측에 의존하고 때때로 사실들을 왜곡한다.

ⓑ 신문『성조기』는 공식적인 출판물이 아니며 미군이 통제하지 않는다. 이 신문은 다른 미국 신문들과 같은 지위를 가지고 있다.

공동위원회 작업의 공보 결정 최종 문구에 대한 쉬띠코프 장군의 제안을 철저히 고려한 후, 브라운 장군은 쉬띠코프 장군의 제안을 기본적으로 받아들이면서 여러 가지 개정안 및 수정안을 제시했다.

브라운 장군의 개정안에 대해 간략히 논의한 후, 공동위원회는 공동위원회 작업의 공보 규정에 대해 다음의 결정을 채택했다.

결정

① 공동위원회는 각 회기 이후 공동 보고를 공포하고, 각 주요 질문에 대한 합의 후 또는 위원장이 정한 다른 때에 상세한 공동성명서를 발표한다.

② 대표단장들은 그들의 재량으로, 합의된 공동성명과 공식문서들, 그리고 기밀성이 없는 다른 사안들에 관해 기자회견을 열 수 있고, 언론 대표들에게 공동위원회 작업을 알릴 수 있다.

2. 민주적 정당들 및 사회단체들과의 협의 규정에 관한 토론 재개

쉬띄코프 장군은 제1공동분과위원회에서 소련 대표단의 입장을 분명히 제시한 성명을 발표했다. 이 성명 전문이 첨부되어 있다(첨부문서 2).

동시에 쉬띄코프 장군은 즉각적인 언론 발표를 위한 공동성명서의 두 초안을 제시했다.

성명서의 전문이 첨부되어 있다(첨부문서 3과 4).

소련 대표단에 의해 발표된 두 성명서는 공동성명서 5호에서 제시된 선언, 정치 강령, 구조, 한국 임시 민주 정부와 지방정부 기관 원칙들에 대한 설문지들의 즉각적인 발표를 제안했다(임시 헌장).

쉬띄코프 장군의 성명에 대한 대답으로 브라운 장군은 다음과 같이 발언했다.

ⓐ 미국 대표단은 견해를 피력하기 전에 이 진술을 영어로 번역하고 그 내용을 연구할 시간을 요청한다.

ⓑ 소련 대표단이 제시한 문서에서 이 문제에 대한 만족할만한 접근의 기초를 발견할 수 있을 것으로 생각한다.

ⓒ 그러나 소련 대표단이 제시한 성명서의 언론 발표와 관련하여 미국 대

표단은 우리가 협의할 민주적 정당과 사회단체의 수에 대해 합의하기 전까지 한국 국민을 대상으로 한 협의에 대한 그 어떠한 발표도 동의할 수 없다.

쉬띠코프 장군은 브라운 장군에게 대답하며, 소련의 제안을 명확하게 하는 다음의 주장을 제시했다.

ⓐ 협의에 초대되는 정당과 사회단체의 명단을 추후 작업하는 동안 공동위원회는 어떤 정당과 사회단체가 협의에 참석하길 원하는지 확실히 알게 될 것이기에 공동성명서 5호의 언론 발표는 여러 측면에서 공동위원회의 작업을 촉진할 것이다.

ⓑ 설문 발표는 여러 측면에서 공동위원회의 작업을 촉진할 것이다. 이로 인해 정당과 사회단체들이 공동위원회가 작성한 질문들의 제안과 대답을 지금이라도 준비할 것이기 때문이다.

ⓒ 공동위원회 작업을 위한 시간이 많지 않고, 1947년 7월~8월의 대한민국 임시정부 건립 문제에 대한 권고를 두 정부에 제출해야만 한다는 소련 외무장관 몰로토프(V. M. Molotov)의 편지에 따르면 이 문서들이 발표되어야 할 필요성은 더 분명해질 것이다.

쉬띠코프 장군의 대답에 대해서 브라운 장군이 말했다.

ⓐ 이 문서 발표의 유일한 난점은 어떤 정당과 사회단체들이 공동위원회와 협의할지와 협의 방법에 대한 공동위원회의 합의가 없다는 점이다.

ⓑ 정당과 사회단체와의 협의를 결정할 정의에 대한 합의가 필요하다. 합의를 위해 미국 대표단은 1,000명 이상의 회원이 있고 지방에 2개 이상의 지부를 가지고 있는 정당과 사회단체를 협의에 참여하게 할 수 있는 조직으로 고려할 것을 제안한다.

ⓒ 만약 소련 대표단이 모든 제한을 없애기를 원한다면, 미국 대표단은 기꺼이 소련 대표단과 논의할 것이다. 모스크바3상회의의 조건 아래에서 어떤 정당과 사회단체들이 부합될 수 있는지 소련 대표단과 미국 대표단이 합의하는 것이 향후 진전에 필수적이다.

ⓓ 이 두 의견에 대한 앞선 결의 없이 공동성명서 5호에 서명했던 몇몇 정당들과 단체들은 공동위원회의 추후 결정에 따라 협의에서 배제될 수도 있다.

쉬띄코프 장군은 브라운 장군의 위에 서술된 발언에 대해 대답했다.

ⓐ 소련 대표단은 공동위원회와 협의할 정당과 사회단체 수의 제한에 대하여 어떠한 제안도 하지 않는다. 그리고 논란이 되는 30개의 정당과 사회단체가 협의에 적합하다는 것을 의미하지도 않는다. 이 수는 작년 미국 대표단이 제안했다. 현재 미국 대표단은 30개를 거절하기 때문에 소련 대표단도 또한 협의에 초대될 정당과 사회단체의 수 제한에 동의하지 않는다.

ⓑ 이 문제에서 소련 대표단은 외무부 장관들이 내린 세 항목으로 서술된 엄격한 결정과 지시에 따른다.

ⓒ 공동위원회가 어떤 정당과 사회단체가 협의에 초대되어야 하는지와

협의 방법에 대한 결정을 내리기까지 일체의 협의가 열리지 않을 수 있다는 브라운 장군의 주장에 관하여—한국 국민은 민주 정부 수립을 고대하고 있기에 소련 대표단은 우리가 합의에 도달하여 민주적 정당과 사회단체와 협의해야만 한다고 생각한다.

이 논의의 결과 미국 대표단장의 제안에 따라 다음 공동위원회 회의에 대한 조율된 결의문 초안 준비를 위해 이 문제를 제1공동분과위원회에 제출하기로 합의하였다.

3. 미래의 한국 임시 민주 정부를 위한
    정치 강령에 대한 설문지 결과 관련 제2분과위원회 보고서

두 번째 안건의 논의가 지연되어, 이 문제는 공동위원회에서 논의되지 않았다.

4. 공동 언론 성명서에 관하여

저번 주 동안 공동분과위원회와 공동위원회의 작업과 관련하여 공동 언론 성명서를 발표하는 것이 결정됐다. 언론 성명서 초안 작성은 소련 대표단의 볼렌코Volenko 씨와 미국 대표단의 프로스토프Prostov 씨에게 맡겨졌다.

5. 다음 회의 시간 결정

다음 회의는 1947년 6월 2일 13시 30분으로 결정됐다.

이하 쉬띄코프 상장과 브라운 소장의 서명

첨부문서 '1'

성명―공동위원회 작업의 공보에 관하여

소련 대표단은 5월 25일자 신문 『성조기』에서 "미국인이 부분적 승리를 거뒀다"는 기사를 읽었다.

이 항목에서 로이 로버츠^{Roy Roberts}는 미국 대표단장 브라운 장군이 기자회견을 열어 다음과 같이 말했다고 언급한다. "위원회가 미국 대표단장에게 언론 대표들과 비공식 회의를 열어 이들에게 비밀 정보를 제외한 사안을 알릴 권리를 주기로 결정했다."

더 나아가 소문에 의하면 1947년 5월 23일 회의에서 공동위원회 미국 대표단이 모든 회의 내용을 언론에 공개하는 것을 제안했다고 서술한다.

소련 대표단은 언론의 이러한 정보가 객관적이지 않고 사실과 다르다고 여긴다.

언론과 공동위원회 작업 공보의 객관성 확보를 위해서 소련 대표단은 1947년 5월 23일 회의에서 승인된 공동위원회 작업 공보 규정의 결정을 검토하고 이 결의문의 초안을 다음과 같이 조정할 것을 제안한다.

1. 공동위원회는 각 회의 마지막에 위원회 작업의 상세한 공동성명서를 발표한다.

2. 해당 대표단장들은 그들의 재량으로, 조율된 결의들과 기밀성이 있는 내용은 알리지 않는다는 조항 내에서 기자회견을 열 수 있고 언론 대표들에게 공동위원회 작업을 알릴 수 있다.

공동위원회 회의에서의 소련 대표단의 선언문

1947년 5월 31일

한국에 관한 모스크바3상회의 결정은 공동위원회가 한국 임시 민주 정부 건립에 관한 제안들을 계획하는 동안 한국의 민주적 정당들 및 사회단체들과 협의해야 한다고 규정한다. 한국의 민주적 정당들 및 사회단체들과의 협의는 공동위원회의 제안들이 정교화되는 과정에서 그들도 고려될 것이라는 한국 국민의 열망과 희망을 이해하고 그들을 공동위원회의 작업에 가능한 한 끌어들이는 데 그 목적이 있다.

따라서 공동위원회의 한국 정당과 사회단체와의 협의 규정 문제는 우리의 작업에 있어서 상당한 의미가 있다. 우리에게 주어진 한국 임시 민주 정부의 건립이라는 문제는 이것의 올바른 해결에 달려있다.

소련 대표단은 1947년 5월 29일 공동위원회 회의의 브라운 장군 성명뿐만 아니라 1947년 5월 26일의 제1공동분과위원회 회의에서 미국 대표단에 의해 제출된 자료들과 제안들을 철저히 연구했다.

미국 대표단은 제1공동분과위원회 회의에서 나온 소련 대표단의 제안을 두 가지 점에서 반대하였다.

첫째, 브라운 장군의 성명 1조에는, 제1항에 대한 소련 대표단의 제안에 대한 이의 제기가 있다. 소련 대표단의 제안은 다음과 같다.

이 문제에 대해 소련 외무장관 몰로토프가 1947년 5월 7일에 보낸 편지와 미국 국무장관 마셜(George C. Marshall)이 1947년 5월 13일에 보낸 편지뿐만 아니라 한국의 민주적 정당들 및 사회단체들과의 협의 조건에 대한 미소공동위원회의 합의에 근거하여, 제1공동분과위원회는 공동성명서 5호에 제시되었던 남북한의 다양한 정치적 성향을 대표하는 대략 30개의 주도적인 민주적 정당과 사회단체의 명단을 그 수와 영향력을 가능한 한 많이 고려하여 작성할 것이며, 이를 서울 공동위원회의 승인을 위해 제출할 것이다.

다음은 명단에 포함될 수 있도록 공동위원회에 제출된 자료들이다—미국 대표단이 작성한 남한에서 활발하게 활동하는 민주적 정당과 사회단체의 명단, 그리고 소련 대표단이 작성한 북한에서 활발하게 활동하는 민주적 정당과 사회단체의 명단.

둘째, 성명 2조에서 브라운 장군은 소련 대표단이 제시한 민주적 정당과 사회단체와의 협의 규정에 관한 세 가지 항목을 문서에 삽입한다는 제안에 이의를 제기한다. 이 세 가지 항목은 1946년 12월 24일 하지 장군이 보낸 편지에 문자 그대로 서술되었으며 두 외무장관이 미소공동위원회 재개에 대해 대응하는 동안 합의된 것이다.

사실들을 짚어보자.

민주적 정당 및 사회단체들을 공동위원회와의 협의에 초대하는 문제가 논의 중이었던 1946년 미소공동위원회의 작업 초기에 소련 대표단은 모스크바3상회의에 따라 규정된 만큼 회담에 많은 민주적 정당과 사회단체를 초대할 것을 강력히 요구했다.

그러나 미국 대표단은 제1공동분과위원회의 회의뿐만 아니라 제1분과위원회 회의 모두에서 민주적 정당과 사회단체의 광범위한 참여를 거부하였다.

공동위원회의 한 회의에서 미국 대표단장 아놀드 장군은 모든 민주적 정당 및 사회단체들과는 협의하지 말자는 본인의 제안을 변호하기 위해 다음과 같이 말했다.

모스크바3상회의 자체에도 민주적 정당들 및 사회단체들과의 협의 필요성은 시사되어 있다. 하지만 이것은 쉬운 문제가 아니다. 우리는 당연히 위원회로서 한국 각각의 단체를 면담할 수 없다. 남한에만 우리 정부 관료가 등록한 단체들이 거의 500개에 달한다. 우리가 이런 작업에 충분한 주의를 기울일 수 있다 하더라도, 나는 솔직히 말해서 한국인의 견해를 충분히 정확하게 연구할 수 있는 언어 능력도 없고 이를 훈련을 받은 적도 없다.

따라서 작년 미국 대표단은 모든 민주적 정당들 및 사회단체들과 회담하는 것이 가능하다고 인정하지 않았다.

제1공동분과위원회의 작업 동안 장기적인 논의의 결과로 공동위원회가 협의해야 하는 가장 중요한 민주적 정당과 사회단체의 수를 30개로 한정하는 것에 합의했다. 이는 이후 공동위원회 결의안에 의해 승인됐다.

하지만 공동위원회는 한국에 적은 회원을 가진 정당과 사회단체들이 많이 있다는 것을 깨달았다. 이러한 목적으로 공동위원회는 같은 문서에서 다음의 항목을 규정했다.

제1항에서 언급한 명단에 속하지는 않지만, 공동위원회에서 공표한 협의

조건을 충족하는 남북한의 민주적 정당과 사회단체는 제6항에 열거된 사안들에 의해 공동위원회에 그들의 고려 사항을 제출할 기회를 가질 것이다. 관련 정당과 단체는 그들의 고려 사항을 서울이나 평양의 공동위원회에 제출해야 한다.

이 문단에서처럼 공동위원회는 작년에 이 정당들과 사회단체들을 회의에서 거절하지 않았다. 오히려 그들에게 한국 임시 민주 정부에 대한 정부 구조, 정치 강령과 관련된 문제에 대한 자신들의 생각을 진술할 기회를 주었다.

그 역사는 이렇다.

소련 대표단이 제1공동분과위원회 회의에 제출할 소련 대표단의 제안을 작성하는 동안 툰킨은 번스에게 다음과 같이 말했다. 첫째, 공동위원회가 지난 일을 하는 동안 어떤 정당과 사회단체가 회의에 초대되어야 할지 결정하기 위해 연기되었던 토론을 재개하는 것이 필요하며 둘째, 소련의 제안 제5항에 기록되었듯 모든 민주적 정당과 사회단체에게 한국 임시 민주 정부의 정치 강령 형성에 관한 문제에 대해 그들의 논의와 제안을 제출할 기회를 주어야 하며 셋째, 이 문제는 공동위원회에서 이미 합의된 것이기 때문에 소련 대표단은 이미 확정된 사안을 가지고 더 이상 시간 낭비하며 논의를 길게 할 이유가 없다고 생각한다는 것이다.

위에서 말한 것처럼 소련 대표단은 제안에 어떤 새로운 초안을 포함시키지 않았으며, 작년에 공동위원회가 합의한 결의문의 제1항만을 포함시켰다.

제1분과위원회 회의의 소련 대표단은 신속한 일 처리를 위해서 작년 공동위원회가 채택한 결의문을 고집했다.

소련 대표단은 미국 대표단이 공동위원회와 협의하는 민주적 정당과 사회단체의 참여폭을 점차 넓혀 가는 것을 반겼다. 그러나 소련 대표는 1947년 5월 26일 제1공동분과위원회 회의에서 발표된 미국 대표단의 제안을 이해할 수 없다.

제1공동분과위원회 회의와 1947년 5월 29일 공동위원회 회의의 브라운 장군의 진술에서 분명해졌듯이, 미국 대표단은 공동위원회와의 협의에 민주적 정당과 사회단체의 무제한적 참여를 지지했다. 동시에 미국 대표단은 다음과 같이 제안했다.

공동위원회는 다음의 조건들을 충족시키는 모든 남북한 민주적 정당들 및 사회단체들에게 공동위원회와의 협의를 위한 선언문을 제출할 것을 제안했다.

① 지방에 2개 이상의 지부

② 현재 1,000명 이상의 회원

이것은 명백한 모순이다. 미국 대표단은 어떤 범위와 기준을 가지고 모든 민주적 정당과 사회단체와 협의할 것인지 전혀 이해하지 못하고 있다.

소련 대표단은 최대한 많은 민주적 정당들 및 사회단체들을 공동위원회와의 협의에 초대하고 이들의 사회적 견해와 영향력을 고려하여 임시정부 설립 참여를 가장 공정하게 보장할 수 있는 방법에 대해 깊게 연구해왔다. 북한의 두 단체를 예시로 사용할 수 있다.

ⓐ 한민당

ⓑ 북한개신교협회

한민당은 245,000명의 회원을 가지고 있고 북한개신교협회에는 6,000명의 회원이 있다. 그들의 사회적 지위나 사람들에게 미치는 영향은 물론 다르다. 각각 한 명의 대표자를 뽑는 건 불공평한 결정이다. 천 명의 회원당 한 명의 대표자를 뽑는 것은 이 두 단체에서만 251명의 대표자를 뽑는다는 의미다.

남한도 북한과 마찬가지로 모든 정당과 단체를 생각해봤을 때, 회의의 대표자들을 회원 수에 비례하여 뽑는다면 공동위원회는 수많은 단체 대표자들과 협의하는 것이 불가능할 것이다.

예를 들어 만약 만 명 혹은 2만 명당 한 명의 대표자를 뽑는다면 많은 민주적 정당과 사회단체는 회의에서 제외될 것이다.

공동위원회와 한국의 민주적 정당과 사회단체 모두가 가장 수용할만한 해결책을 찾는 것이 필요하다.

미국 대표단은 두 외무장관이 찬성한 회의 규정에 대한 세 가지 요점을 포함하는 것에 반대했다.

브라운 장군은 1947년 5월 29일의 공동위원회 회의의 발언에서 위의 세 가지 요점이 두 외무장관 사이의 합의를 완전히 다루지 않았음을 증명하려 했다.

이 진술은 애초에 1947년 5월 7일 몰로토프의 편지에서 1947년 5월 2일 미국 국무장관 마셜의 편지에 대한 반대가 없었기 때문에 논의되고 있다. 그러나 1947년 5월 7일 몰로토프의 편지에서 반대 내용이 없었던 것은 그가 편지에서 공동위원회 작업의 갱신이라는 구체적인 새 제안 즉, 1946년 12월 24일 하지 장군의 편지에 나와 있는 세 가지 요점을 제시했기 때문이다.

마셜 장관은 1947년 5월 13일 그의 편지에서 몰로토프의 제안에 동의했고 다른 조건들을 내세우지 않았다. 그러므로 구체적인 그 세 가지 요점은 1946년 12월 24일 하지 장군의 편지에 나와 있는 것과 동일하게 수용된 것으로, 다음과 같다.

1. 공동성명서 5호에 명시된 선언문의 서명은 모스크바3상회의의 결정을 완전히 지지한다는 것을, 그리고 선언문에 서명한 정당들과 단체들이 초기 협의에 참여할 수 있는 권리를 가진다는 것을 보여주는 선의의 선언으로 간주될 것이다.

2. 정당과 단체는 이 선언으로 자체 결정에 따라 대표를 임명할 권리를 가지고, 그 대표는 모스크바3상회의의 결정을 충족시키는 가장 적합한 방향으로 공동위원회 회의에 참석할 수 있다. 그러나 만약 대표자가 모스크바3상회의의 결정을 따르는 데 적대적이거나 연합국 중 하나에 적대적이거나 공동위원회 자체에 적대적이라는 충분한 이유가 있다면 공동위원회는 그 정당에 다른 대표자의 임명을 요구할 것이다.

3. 공동위원회와의 협의에 초대된 개인, 정당, 사회단체들은 공동성명서 5호에 제시된 선언에 서명한 후에 공동위원회의 업무, 연합국 중 한 국가, 모스크바3상회의의 결정 준수에 반대하는 시위를 조장해서는 안 된다. 그러한 개인, 당, 사회단체들은 향후 공동위원회 협의에서 제외될 것이다. 이 개인, 정당, 사회단체들의 제외에 관한 결정은 공동위원회의 양 대표단의 상호 합의로 결정될 것이다.

미국 대표단은 소련 대표단이 알지 못하는 이유로 협의 규정에 대한 문서에 위에 언급된 세 가지 요점을 포함하는 것에 반대했다. 소련 대표단은 미국 대표단이 1946년 12월 24일 미국 사령관의 편지에 언급된 요점과 두 외무장관 사이의 서신 결과가 공동위원회 업무의 재개 근거로 받아들여졌다는 것에 반대하고 있는 것인가? 라는 질문에 직면했다.

미국 대표단이 이러한 요점들을 회피하려고 하는 와중에 소련 대표단이 공동위원회 업무 중 미국 사령관이 제시한 요점과 미소공동위원회 업무 재개 근거가 된 두 외무장관의 서신 결과를 대변하고 있는 것이 우리에게는 이상하게 보인다.

미국 대표단은 그들의 진술에서 의사 표현의 자유 문제에 반복적으로 접근했다. 항상 소련 대표단이 의사 표현의 자유 원칙을 지켜왔던 점을 생각하면 소련 대표단은 미국 대표단이 이러한 성명을 내놓는 것을 이해할 수 없다.

소련 대표단은 두 외무장관에 의해 합의된 세 가지 요점이 의사 표현의 자유 원칙과 어긋나지 않으며 오히려 이 원칙을 온전히 발전시키며 실질적인 실현을 보증한다고 느낀다.

소련 대표단은 민주적 정당과 사회단체를 포함하여 '협의 절차' 문서에 이 세 가지 요점을 포함할 것을 주장한다.

소련의 외무장관 몰로토프와 미 국무장관 마셜 간에 오간 한국과 관련된 모든 서신의 복사본을 공동위원회에서 민주적 정당과 사회단체에 배포하겠다는 미국 대표단의 제안에, 소련 대표단은 반대하지 않는다.

위 언급된 내용에 기반하여 소련 대표단은 다음과 같이 제안한다.

1. 제1공동분과위원회에 다음과 같은 내용을 요구한다.

　　ⓐ 공동위원회와의 협의에 초대될 민주적 정당과 사회단체의 총 대표 수를 확인한다.

　　ⓑ 민주적 정당과 사회단체의 대표를 선발하기 위한 근거를 정의한다.

2. 소련 대표단은 외무장관들이 그들의 서신에서 동의한 다음의 세 가지 요점들을 '민주적 정당들 및 사회단체들과의 협의' 문서에 포함시킬 것을 제안한다. 다시 말해,

　　1) 공동성명서 5호에 명시된 선언문의 서명은 모스크바3상회의의 결정을 완전히 지지한다는 것을, 그리고 선언문에 서명한 정당들과 단체들이 초기 협의에 참여할 수 있는 권리를 가진다는 것을 보여주는 선의의 선언으로 간주될 것이다.

　　2) 정당과 단체는 이 선언으로 자체 결정에 따라 대표를 임명할 권리를 가지고, 그 대표는 모스크바3상회의의 결정을 충족시키는 가장 적합한 방향으로 공동위원회 회의에 참석할 수 있다. 그러나 만약 대표자가 모스크바3상회의의 결정을 따르는 데 적대적이거나 연합국 중 하나에 적대적이거나 공동위원회 자체에 적대적이라는 충분한 이유가 있다면 공동위원회는 그 정당에 다른 대표자의 임명을 요구할 것이다.

　　3) 공동위원회와의 협의에 초대된 개인, 정당, 사회단체들은 공동성명서 5호에 제시된 선언에 서명한 후에 공동위원회의 업무, 연합국 중 한 국가, 모스크바3상회의의 결정 준수에 반대하는 시위를 조장

해서는 안 된다. 그러한 개인, 당, 사회단체들은 향후 공동위원회 협의에서 제외될 것이다. 이 개인, 정당, 사회단체들의 제외에 관한 결정은 공동위원회의 양 대표단의 상호합의로 결정될 것이다.

3. 소련 대표단은 공동성명서 5호에 제시된 선언, 그리고 '정부 구조'와 '정치 강령' 문제를 민주적 정당 및 사회단체들과 협의하기 위해 공동위원회가 만든 설문지를 언론에 발표할 것을 주장한다.

소련 대표단은 이러한 문제들에 대한 제안의 초안을 본 선언에 첨부한다.

한국 미소공동위원회의 언론 성명서

1947년 5월 31일 #_____

서울

미소공동위원회의 업무를 신속히 처리하기 위해 그리고 한국 임시 민주 정부의 수립 문제에 관한 협의에 참석할 민주적 정당과 사회단체의 명단 작성에 착수하기 위해 미소공동위원회는 1947년 5월 31일 다음의 결정을 수용한다.

1. 공동위원회는 진정으로 그들의 목표와 방법에 있어서 민주적이며, 다음의 선언에 동의하는 한국의 민주적 정당들 및 사회단체들과 협의할 것이다.

우리_____는 한국 관련 모스크바3상회의 결정 제1항의 목표를 따를 것을 선언한다. 제1항의 목표는 다음과 같다.

"독립 국가로서 한국을 재수립하고, 한국을 민주적 원칙 하에 발전시키는 조건을 창출하며, 일본의 장기 식민지배의 비참한 결과를 한국에서 가장 **빠른** 시일 내에 제거."

또한, 우리는 모스크바3상회의 결정 제2항에 의거하여 한국 임시 민주 정부 형성에 대한 공동위원회의 결정을 따를 것이다.

또한, 모스크바3상회의 결정 제3항에 예견된 사안들과 관련하여 우리는 한국 임시 민주 정부의 참여 가운데 공동위원회와 협조하여 해결할 것이다.

_____ 서명

_____당 혹은 단체를 대표하여

   2. 미소공동위원회와의 협의에 참여하기를 원하는 한국의 민주적 정당과 사회단체는 반드시 위에 언급된 선언문에 서명하고 1947년 6월 10일까지 서울 또는 평양의 미소공동위원회에 제출해야 한다.

첨부문서 '4'

미소공동위원회의 언론 성명서

1947년 5월 31일 No._____ 한국, 서울

미소공동위원회와의 협의에 참여하기를 원하고 성명서 No.___의 선언에 서명한 한국의 민주적 정당과 사회단체에 기회를 주기 위해서, 또 그들 스스로 철저히 숙지하여 논의를 시작하고 한국 임시 민주 정부와 지방정부(임시 헌장)의 조직구조, 그 원칙들과 더불어 정치 강령에 대한 그들의 제안을 상술하기 위해서, 미소공동위원회는 1947년 5월 31일 한국의 민주적 정당과 사회단체와의 협의에 관한 다음과 같은 설문지를 언론에 공개할 것을 승인하고 결정했다.

설문지

다음의 사항에 대해 한국의 민주적 정당 및 사회단체들과 협의하기 위한 설문지 – 한국 임시 민주 정부와 지방정부의 조직구조와 원칙 권고안(임시 헌장).

1. 인권(권리장전. 예 : 언론의 자유, 출판의 자유, 보통선거권, 종교의 자유, 집회의 자유, 인격권의 불가침성, 양성평등 등)

2. 임시정부의 일반적인 형태와 특징

3. 집행 기능과 입법 기능을 수행할 수 있는 중앙정부의 권위를 가진 기관이나 기관들

      ⓐ 임시정부는 총선거에 기반한 입법부가 설립되기 전에 법을

널리 공포할 권리가 있어야 한다.

ⓑ 특정 기능(예 : 부처의 조직, 임명, 기능 – 입법 기능 수행을 위한 어떠한 기관의 기능들, 최고행정의 기능들과 조직들, 임명들 등을 수행하기 위한 최고 행정관이나 기관 임명 등)과 관련된 기관 또는 기관들의 임원과 구조

ⓒ 여러 각료와 임원들의 권한과 임무

ⓓ 각료들, 핵심 임원들, 행정 및 입법 기관 또는 기관들의 선거, 임명, 대체(예 : 임기, 연임, 해임)

ⓔ 입법 및 행정 기능의 수행 절차

4. 지역 당국 기관의 설립, 구조, 권한, 임무

ⓐ 지역 당국 기관 설립의 방법(도, 구, 읍, 군, 마을의 지역 당국 기관들은 선출되어야 하는가? 임명되어야 하는가? 만약 선출되어야 한다면, 어떤 근거로 선거가 개최되어야 하는가? 만약 임명되어야 한다면, 누구에 의해 임명되어야 하는가?)

ⓑ 도, 구, 읍, 군, 마을의 지역 당국 기관들의 조직, 구조, 명명, 임무, 권한

ⓒ 활동 영역, 지역 당국 기관의 권리와 의무(도, 구, 읍, 군, 마을)

5. 사법 기관들

ⓐ 사법 기관의 조직(예 : 수, 법정의 종류와 특징, 다른 사법 기관의 설립)

ⓑ 법정과 여타 사법 기관의 권리와 의무

ⓒ 사법 인사의 선발과 대체(예 : 구성원의 선출, 임명, 임기, 소환)

6. 임시 헌장의 수정 혹은 개정 절차

설문지

한국 임시 민주 정부의 정치 강령에 관한 한국 민주적 정당과 사회단체와의 협의를 위한 설문지.

공동성명서 5호에서 제시된 선언에 서명한 한국의 민주적 정당과 사회단체는 위의 질문들에 대한 의견을 적어 공동위원회에 제출할 것.

26

미소공동위원회 제37차 회의록

KWUB-0106, NARA

회의록—37차 회의

미소공동위원회 : 한국 평양, 공동위원회 건물 대회의실

1947년 7월 2일 14시

참석자

미국 대표단 : 브라운 소장(의장), 존 웨컬링 준장, 번스 씨, 오웬 존스 Owen T. Jones 씨

소련 대표단 : 쉬띠코프 상장, 툰킨 일등 자문위원, 레베데프 소장, 발라사노프 이등 자문위원, 코르쿨렌코 대좌

그 외 고문들과 기술전문가들도 참석함

비서관들

에드워즈 중령 (미국)

마슬로프 씨 (소련)

의제

1. 공동위원회와 협의를 위해 초청할 민주적 정당과 사회단체의 명단 승인

2. 공동위원회와의 구두 협의를 위한 민주적 정당과 사회단체 대표들의 명단 승인

3. 구두 협의 절차의 승인

4. 다음 회의 시간 결정

1. 공동위원회와 협의를 위해 초청할
민주적 정당과 사회단체의 명단 승인

번스 박사는 제1분과위원회에서 정당과 사회단체들의 명단을 작성했으나, 제1분과위원회의 소련 측 의장이 특정 정당과 단체들이 명단에 포함되는 것을 반대한다고 보고했다.

제1분과위원회의 소련 측 의장 툰킨 씨는 다음과 같이 언급했다. 정당의 예비 명단을 고려하는 동안, 모스크바 결정과 공동위원회 결의안 16호에 따라 선언에 서명한 정당과 단체들 중 어떤 정당과 단체가 명단에 포함되어야 하는지에 대한 문제가 제기되는 것은 자연스럽다.

정당과 단체의 예비 명단을 연구하는 동안 상당수의 단체가 사회적 단체가 아니라 상업적인 사업체라는 사실이 밝혀졌다. 공동위원회가 모스크바 결정에 따라서 한국의 민주적 정당과 사회단체와 협의하고 있다는 점을 고려하여, 소련 대표단은 사회단체라 할 수 없는 이러한 단

체들을 명단에서 제외할 것을 제안했다.

명단을 철저하게 재검토하고 비사회적인 성격을 지닌 것으로 간주되는 단체들을 명단에서 제외하자는 의견이 제시되었다.

이어 모스크바 결정과 공동위원회 결의안 12호에 따르면 위원회는 소규모 지역단체들과는 자문해서는 안 되기 때문에 지역 규모의 단체들을 명단에 포함시킬 수 없다는 안건이 제출되었다. 공동위원회 결의안 12호에 따르면 조직들은 그들의 중앙 기관을 통해 신청서를 제출하도록 명시되어 있다. 따라서 소련 대표단은 순수 지역조직을 모든 명단에서 제외하는 것을 제안했다.

게다가 소련 대표단은 협의에 승인된 단체 가운데 모스크바 결정에 반대하기 위해 창설된 경우가 있을 것이라 보고 이들에 대한 승인 철회를 주장했다. 이들은 반탁위원회라 하며, 모스크바 결정에 지속적인 반대를 표하고 있다. 이 제안을 제기하면서 소련 대표단은 선언에 대한 서명이 모스크바 결정에 대한 전적인 지지를 표하는 것으로 여겨지기 때문에 이러한 조직은 수용될 수 없다는 견해를 표했다.

구두 협의가 연기되는 일을 피하고자 소련 대표단은 반대 의견을 표하지 않는 정당과 단체의 명단을 승인할 것을 제안했고, 7월 7일에 정당과 단체와 협의를 진행할 것을 제안했다.

제1분과위원회의 미국 측 의장은 소련 대표단의 이러한 모든 제안에 반대하며, 정당과 단체의 명단에 대한 상호합의는 이루어지지 않았음을 선언했다.

툰킨의 성명에서 파생된 논의에서 양 대표단장은 서로의 입장을 확인하며, 다음의 의견을 교환했다.

브라운 장군은 미국 대표단의 입장을 제시했다 :

제1분과위원회는 정당과 사회단체의 명단을 공동위원회 결의안 12호 5항에 따라 준비했다.

공동위원회 결의안 12호는 협의할 어느 정당이나 사회단체 또는 그러한 정당이나 사회단체의 대표에 이의를 제기할 기회를 제공하고, 공동위원회에 그러한 이의를 정당화시키는 결정을 내릴 권한을 부여한다.

미국 대표단은 제1분과위원회가 준비하고 제시한 명단을 통해 7월 7일 협의를 시작하지 못할 이유가 없다고 본다.

개략적으로 공동위원회 결의안 12호에 따라 협의를 위해 위원회에 정당이나 사회단체가 나타났을 때, 해당 조직이 부적격이라는 이의가 제기되지 않았다면 그 어떠한 정당이나 사회단체의 적격 기준을 논하는 것은 무의미할 것이다.

쉬띠코프 장군 :

1947년 7월 18일 승인된 공동위원회 결의안 16호의 3항에는, 성명서에 서명한 정당과 단체들의 명단 및 그들의 대표자들의 명단은 제1분과위원회에서 논의되고, 합의에 도달하는 대로 미소공동위원회에 제출되어 승인받도록 하는 것이 명시되어 있다.

소련 대표단은 최종 결정이 공동위원회에서 내려진다는 것을 알고 있다. 각 대표단의 책임 있는 대표자를 포함하여 창설된 분과위원회는 공동위원회가 문서에 대한 논의와 승인을 용이하게 처리할 수 있도록 문서를 그러한 원칙에 따라 준비하도록 지시받았다. 아직 우리는 제1분과위원회에서 합의된 명단 편집본을 보지 못했다. 우리가 본 것은 성명서 5호에 포함된 신청서를 작성하고 선언에 서명한 정당과 사회단체의 명단일 뿐이다.

이 문서는 공동위원회가 승인해야 하는 문서는 아니다. 우리는 제1분과위원회 회의와 브라운 장군과의 개인적인 대화에서 이 정당과 단체의 명단은 예비 명단에 불과하며 최종 명단이 아님에 동의했다. 공동위원회가 승인 가능한 명단을 작성하라고 지시했으므로, 제1분과위원회는 이 업무를 미완으로 남겨 두어서는 안 된다. 그러한 명단은 없다. 제1분과위원회의 소련 대표는 사회적 단체가 아닌 상업적인 단체를 명단에 포함시키는 것에 반대했다. 이 문제에 대해선 별도의 논의가 필요하진 않을 것으로 보인다.

제1분과위원회의 소련 대표의 두 번째 제안은 지역조직들을 제외하는 것이다. 소련 대표단은 이 문제에 대한 별도의 논의도 필수적이지 않다고 여겼고, 남북한 모두 협의에 참여하기 위해 신청서에 서명할 수많은 지역조직을 가지고 있어 공동위원회의 사업을 지연시킬 것으로 보았다. 또한 공동위원회의 결정과 모스크바 결정에 따라, 지역조직이 협의에 참여할 권리는 사라졌다.

세 번째 문제는 모스크바 결정에 반대하기 위해 조직된 단체들과 관련 있다. 여기에서 이를 논의할 필요성이 있는지, 아니면 공동위원회가 모스크바 결정에 적대적인 단체들은 공동위원회와의 협의에 참여할 수 없음을 분명하고 명백하게 하고 있는지에 대한 문제가 제기된다. 게다가 5월 20일에 공동위원회 업무가 시작했다는 점은 미국과 소련 양 대표단이 모두 알고 있지만, 반탁위원회를 포함하고 있는 단체들은 모스크바 결정에 계속 반대했고 마지막 시위는 6월 23일에 일어났다. 나는 이러한 정당들에 대한 설득은 공동위원회의 역할이 아니라고 생각한다.

브라운 장군 :

긴 논쟁 후, 소련과 미국 대표단은 모스크바 결정에 따른 협의 방식과 협의될 정당과 단체에 대해 합의했다. 이는 공동위원회 결의안 12호를 통해 전 세계에 공표되었다.

쉬띠코프 장군이 언급한, '정당과 단체들의 명단 작성 절차'라는 제목을 가지고 있는 공동위원회 결의안 16호는 공동위원회 결의안 12호의 5항에서 구체적으로 서술된 제1분과위원회 업무수행의 일반적인 지침으로써 공동위원회에 의해 승인되었다.

제1분과위원회는 어떠한 정당이나 조직도 부적격한 경우 제외되어야 한다고 공동위원회에 권고해야 한다. 브라운 장군과 미국 대표단이 합의에 따를 것이라는 의사가 암시된 서명이 들어가 있는 공동위원회의 서면 합의를 어떻게 개정, 변화, 추가할지에 대해 미국 대표단장은 소련 대표단과 구두로 협의하지 않았다.

미국 대표단장은 협의를 위한 단체의 적격성을 대표해서 공동위원회가 승인할 정당과 사회단체의 기준에 대해 소련 대표단의 동의를 얻고자 여러 번 시도했다.

미국 대표단장은 또한 제1분과위원회와 공동위원회의 업무가 더욱 쉬워질 수 있도록 특정 부류의 정당과 단체를 배제하는 데 소련 대표단의 동의를 얻고자 노력했다. 이와 관련하여 그 어떠한 합리적인 제안에 대한 소련 대표단의 동의를 얻을 수 없었다.

제1분과위원회의 소련 측 의장은 이제 부적절한 해석을 추가하면서 공동위원회에 의해 합의되어 한국인들에게 공표되었고 소련 측 의장이 서명하여 소련 대표단이 결정에 따를 것이라는 선한 신념과 의도가 표현된 공동위원회 결의안 12호의 조항을 바꾸려 하고 있다.

쉬띠코프 장군 :

소련 대표단은 공동위원회 결의안 12호와 16호를 포함해 공동위원회에 의해 승인된 결정에 대한 그 어떠한 개정도 제안하지 않았다.

소련 대표단은 공동위원회 결의안 16호와 내가 인용한 조항이 제5항을 반박하는 것이 아니며, 단지 제1분과위원회의 작업의 엄격한 절차를 세우고 있다고 생각한다.

나는 오직 이러한 이유에서 브라운 장군과의 개인적인 대화와 제1분과위원회의 합의에 대한 나의 지난 진술에서, 우리가 1947년 7월 1일 평양과 1947년 6월 25일 서울에서 진행한 회의가 정당과 정당 대표의 명단에 대한 공동위원회의 승인에 따라 행해졌어야 했음을 언급한 것이다. 이는 공동위원회 결의안 12호의 6항에 다음과 같이 언급되어 있다.

5항에서 언급된 민주적 정당 및 사회단체와 이들의 대표자 명단에 대한 공동위원회의 승인에 따라, 공동위원회는 1947년 6월 25일 서울에서 위의 명시된 남한의 정당과 사회단체의 대표자들을 초청하여 공동회담을 개최할 것이다. 북한의 정당과 사회단체 대표자들의 회담은 1947년 6월 30일에 평양에서 개최할 것이다.

소련 대표단, 특히 제1분과위원회의 소련 측 의장이 공동위원회 결의안 12호와 16호를 번복하려 하고 있다는 브라운 장군의 진술은 사실과 다르다.

소련 대표단은 모스크바3상회의 결정 및 소련 외무장관 몰로토프와 미 국무장관 마셜 간의 서신을 통해 이루어진 동의를 정확하게 이행할 책임을 지닌 공동위원회가 이 결의를 수호하고 그에 대한 정확한 임무수행을 보장해야 한다고 생각한다. 모스크바 결정은 공동위원회가 경제, 상업, 무역, 지역, 국지, 임시적 성격을 지닌 조직을 협의해야 한다고 선언하지 않았다.

모스크바 결정과 공동위원회 결의안 12호는 남북한의 민주적 정당과 사회단체가 공동위원회 협의에 참여하기 위해 그들의 (결정 지지)선언을 제출하도록 명시하고 있다. 각 정당과 단체들은 오직 그들의 중앙기구를 통해서 단일 선언을 제출해야 한다. 우리는 이에 따라 인도되어야 한다. 따라서 소련 대표단의 입장에서 미국이 모든 지역단체를 협의에 포함하려는 의도를 통해 어떠한 목적을 달성하려는지 이해가 되지 않는다. 수적인 우세를 달성하려는 것인가?

특별히 모스크바 결정에 반대하기 위해 결성된 정당과 단체들을 명단에서 제외하자는 소련 대표단의 제안이 모스크바 결정이나 공동위원회의 결의를 부정하는 것인가? 그렇지 않다. 반대로 공동위원회 결의안 12호는 다음과 같이 명시하고 있다. "공동성명서 5호의 선언에 서명한 이후 공동위원회의 작업과 모스크바 결정의 이행, 혹은 연합국의 작업에 공공연한 반대를 조장하고 선동하는 개인, 정당, 사회단체들은 공동위원회의 이후 협의에서 제외되어야 한다."

미국 측 대표단은 6월 23일 반탁위원회의 시위를 어떻게 평가하는 가? 이것이 공동위원회에 대한 반대 투쟁이 아닌가?

미국 대표단은 소련 대표단에 대한 이들의 폭력행위를 어떻게 평가 하는가? 반탁위원회를 정당화하는 입장을 취하는 것은 공동위원회와 모스크바의 권위를 훼손하는 입장과 다를 것이 없다. 소련 대표단은 이 러한 행위를 용인하지 않을 것이다. 우리는 모스크바 결정에 반대하는 반동적 단체들의 배제와 이러한 정당들이 협의에 참여하지 않길 바라 는 한국인들의 견해를 잘 알고 있다.

브라운 장군 :

제1분과위원회가 협의 승인을 위한 신청서를 검토하기에 앞서 제1 분과위원회와 미국 대표단장이 평양과 서울에서 정당 및 단체 대표들 과 협의를 하는 데 동의했다는 소련 대표단의 이야기는 정확하다. 이 합 의는 어쨌든 공동위원회 결의안 12호를 변경시키지 않았으며, 미국 대 표단장이 알고 있는 한에서는, 제1분과위원회에서도 변경이 언급되거 나 논의되지 않았다.

모스크바 결정이 상업적이고 지역적인 조직들과의 협의를 명시하지 않고 있음은 사실이다. 하지만 모스크바 결정이 모든 정당들과 사회단 체들과의 협의에 대해 언급하고 있는 것 또한 분명한 사실이다. 그러나 그 결정은 어떠한 방식으로든 정치적 정당이나 사회단체에 대해 정의내 리고 있지 않으며, 특별히 협의로부터 상업적, 지역적, 혹은 다른 어떠 한 유형의 단체를 제외하는 것에 대해 구체적으로 언급하고 있지 않다.

브라운 장군은 소련 대표단장이 정당 및 사회단체와의 폭넓은 협의를 지지한다고 했던 진술을 인용하였다(첨부문서 1 참조).

미국 대표단은 모스크바 결정을 따르며 한국의 정당 및 사회단체와 공동위원회의 협의를 추구하고 있다. 미국 측 대표단은 넓은 범위에서 협의를 시행할 것임 분명히 밝힌다.

미국 대표단장은 광범위한 협의 수행에 대한 열의를 확인했던 치스챠코프. M. Chistiakov와 하지 장군 사이의 서신, 그리고 마셜과 몰로토프의 서신을 추후 인용할 것이다. 그는 또한 소련 대표단장이 전체 소련 대표단이 광범위한 협의를 환영한다고 밝혔던 수많은 연설문을 인용하고자 한다. 중앙기구를 통한 신청서 제출과 관련하여, 신청서를 제출할 중앙기구를 지니고 있지 않은 단체가 협의로부터 제외될 수 있다는 요건을 공동위원회 결의안 12호의 어디에서 발견할 수 있는가? 소련 대표단장은 현존하는 어떠한 국가의 법에 의해서도 인정될 수 없는 배제를 교묘히 인용하여 이들을 배척하려 하고 있다.

6월 23일의 소란에 관한 미국 대표단의 반응과 관련해서는, 미국 대표단장은 1946년 12월 24일 치스챠코프 장군에게 전달된 하지 장군의 서신의 한 문단을 인용하고자 한다.

2번째부터 8번째 문단까지 주의 깊게 읽었을 때, 제가 받은 인상은 일전에 미국 대표단이 제출한 제안들이 '반동적인 정당과 단체들'로 하여금 모스크바 결정에 대한 적대적인 반대를 지속하도록 부추기고 있는 것 같다고 소련 대표단이 믿고 있다는 것입니다.

저는 미국 대표단은 결단코 그러한 의도를 지니고 있지 않으며, 이러한 적대적 반대를 예방하는 데 있어 당신과 협력을 원한다는 사실을 명확히 전달하는 바입니다.

귀하의 서신 중 9번째, 10번째 문단은 소련 대표단의 입장에서 한국 정부의 형성과 한국에서의 모스크바 결정 실현에 있어서 그 외의 문제들에 대한 한국의 정당, 사회단체, 그리고 개인들에게 완전한 표현의 자유를 보장하고 있습니다.

이러한 문단들에서 표현된 요점은 미국 대표단이 상정한 입장과 정확히 일치합니다.

미국 대표단장과 미국 대표단이 알고 있는 한, 남한의 일개 정당이나 사회단체들은 선언에 대한 서명 이후에 공공연한 반대행위를 조장하거나 선동하지 않았다. 미국 대표단장이 알고 있는 한, 협의를 위해 공동위원회에 선언을 제출한 단일 정당이나 사회단체들은 신청서를 제출한 이후 이 시위에 참여하지 않았다. 주한 미 공군 사령관은 6월 23일의 시위에 참여한 이들을 체포하고 처벌하는 호전적인 조치를 취하기도 하였으며, 이는 소련 대표단장이 보고한 반복적인 모욕을 예방하고자 했다.

공동위원회가 7월 7일 구두 협의를 시작하는 데 합의하였기 때문에, 민주적 정당 및 사회단체들과의 협의에 적용될 원칙을 결정하는 것이 공동위원회에게 가장 필수적인 일이다. 한국인들에게도 그렇게 공지가 되었으며, 모스크바 결정 하에 그들의 독립성 행사에 있어서 한국인들과 공동위원회가 지속적인 신뢰 관계를 유지하는 것 또한 필수적이다.

쉬띄코프 장군 :

브라운 장군이 인용한 회의록 발췌문은 소련 대표단 또한 잘 알고 있다. 그 회의록은 공동위원회와의 협의와 관련이 없는 정당 및 단체들과의 협의 필요성을 규정하고 있지 않다. 모스크바 결정에 명시되어 있는 것은 공동위원회가 그 제안을 정교하게 만드는 과정에 있어서 민주적 정당 및 사회단체와 협의를 해야 한다는 것이다. 나는 여기에서 '사회'라는 용어를 강조하고자 한다. 모스크바 결정에는 공동위원회가 상업적이거나 산업적인 단체와 협의해야 한다고 명시하고 있지 않다. 그러나 미국 대표단이 제출한 명단에는 이러한 단체들이 상당수 포함되어 있다.

나는 이러한 조직들을 열거해 보고자 한다. 수원상공회의소, 부산상공회의소, 한국산업의학연구소, 한국불교학연구위원회, 연탄생산연합 등이 그것이다. 미국 대표단은 이러한 단체들을 사회적인 단체라고 여기고 있지만, 소련 대표단은 이들이 사회적인 성격을 지니고 있다고 생각하지 않는다. 만약 우리가 이러한 단체들을 협의에 초대한다면, 우리는 너무나 많은 작업을 처리해야 하며, 모스크바 결정에 대한 지지에 서명한 이들이 아니라 이것에 반대하는 이들에게 유리한 방식으로 모스크바 결정을 왜곡하게 될 것이다.

우리가 단지 지역적 수준에 머물러 있는 단체들과 협의를 할 수 있을 것인가. 한국회계학회는 27명, 한국애국자원조회는 22명, 정치경제학회는 125명, 한국경제학회는 37명을 회원으로 가지고 있으며, 정부수립을위한춘천여성회나 인천공공회와 같은 소수단체들도 여기에 해당한다. 만약 북한의 정당과 단체가 신청서 제출 문제를 이렇게 가볍게 여긴다면, 공동위원회의 작업을 돕기는커녕 이를 방해하는 수천의 단체들이 생겨날 것이 명백하다. 만약 미국 대표단과 미국 대표단장 그리고 제1분과위원회, 번스 박사가 이에 대해 신중하게 검토한다면, 그들은 분명히 단체 중 일부를 승인하지 않을 것을, 심지어 6월 25일 회의에서도 제안했을 것이다. 우리는 단체의 수가 필요한 것이 아니라, 모스크바 결정이 요구하는 한국의 임시 민주 정부의 수립에 관한 한국인들의 공론을 신중하게 드러내 줄 민주적 정당과 사회단체, 그리고 그들의 하부조직들을 필요로 한다.

브라운 장군은 미국 대표단이 정당과 단체들을 제한하자고 요구했으나, 소련 대표단이 이를 거부했던 사실을 언급하며 소련 대표단을 비난했다. 참가 단체 수의 상한선을 설정하더라도 몇몇 정당과 단체들이 선언서에 서명하고, 공동위원회와 협의하길 원한다는 거짓 신청서를 제출하는 것을 막을 수 없음은 경험이 증명하고 있다. 미국 대표단은 남한 정당의 당원 수에 대한 기준을 설정하는 논의에 있어서, 남한 전체 인구가 1,700만임에도 불구하고, 당원 총 수가 7,900만 명도 아니고 1억 5,900만 명이라고 잡히는 것을 부정할 수 있는가? 특정 정당과 사회단체에 의해 이루어지고 있는 이러한 촌극은 공동위원회에 의해 규탄받아야 마땅하다. 소련 및 미국 대표단이 한국에 약 백만 명의 노동자가 있다는 사실을 잘 알고 있기 때문에 제1분과위원회의 소련 대표단이 122만 명의 회원을 지니고 있다고 주장하는 한국건축수리조합이라는 단체의 회원 수 진위여부에 대해 의구심을 표하고, 회원 수에 대한 정확성 확인을 요구했을 때 번스 박사는 이틀 후 제1분과위원회 회의에서 미국 대표단은 그러한 단체가 존재하지 않음을 확인했다고 말한 바 있다. 소련 대표단이 미국 측 대표단으로부터 이러한 답변을 들은 뒤 어떻게 이들이 제출한 명단을 신뢰를 갖고 수용할 수 있겠는가?

위에 언급된 소련 대표단의 입장이 공동위원회 결의안 12호나 모스크바 결정에 위배되는가? 물론 아니다. 나는 미국 측 대표단에게 다시 한번 경고하고자 한다. 소련 대표단은 항상 승인된 결정의 문구를 지켜왔고 지키고 있으며, 이러한 결정들이 공동위원회에 의해 수용되고 승인되었을 때에는 그것을 정직하게 지속적으로 실행하고자 해왔다.

반탁위원회로 알려진 정당과 단체들에 관해서는 소련 대표단은 미소공동위원회 합작의 기초 조건을 규정하는 공동위원회 결의안 12호를 엄격히 고수하고 있다.

소련 대표단은 출판된, 그 누구에 의해서도 반박될 수 없는 수 많은 서류를 통해 남한의 40개 이상의 정당과 단체들로 구성된 반탁위원회가 공동위원회 재개 이후에도 여전히 해체하지 않고 있으며, 오히려 반대로 공동위원회와 모스크바 결정에 대한 반대 투쟁을 강화하고 있다는 사실을 확인했다.

6월 16일 반탁위원회를 포함한 40개 단체 대표자들의 회의가 열렸다. 회의에서는 신탁통치 방안에 대한 논의가 있었다. 회의 중 협의 참여 문제에 있어서 의견 대립이 발생하였다. 몇몇은 협의에 참여해야 한다고 주장했지만, 다른 이들은 반대했다. 이 불화로 미소공동위원회와의 협의에 참여해야 한다고 주장하는 이들은 회의장을 떠났다. 이 회의는 6월 18일 재개될 것이다.(『동아일보』, 1947.6.18)

반탁위원회의 회의는 18일까지 계속되었다. 6월 20일 신문에 따르면 본 회의는 모스크바 반대 투쟁을 지속하기로 결정되었다.

반탁위원회 회의는 6월 18일에 열렸다. 공동위원회 작업에 참여하는 문제가 논의되었으며, 신탁통치에 대항하는 이승만과 김구의 정신과 그 노선을 전폭적으로 지지하기로 결정되었다.

더욱이 원칙적으로 모든 지역 정당들은 공동위원회 작업에 참여하지 않기로 결정되었다. 그리고 이미 참여에 동의한 이들은 참여는 하겠지만 신탁통치에 반대할 것이다.

위원회는 첫째, 신탁통치를 완전히 거부하기로 서약했다. 둘째, 더 이상 공동위원회 작업에 참여하지 않을 것이다. 신탁통치에 대한 반대 투쟁 속에서 공동위원회와의 협의에 이미 받아들여진 우익과 협력하고, 이를 통해 완전한 독립을 이룰 것이다.(『서울타임즈』, 1947.6.20)

또 예를 들어보면, 자문을 위해 신청서에 서명한 한민당과 그 지도자들은 이후 어떻게 행동하였는가.

한민당 선전부장 함상훈은 정치 연단에서 다음과 같은 강령을 선언했다. "모든 한국인의 바람과 의사의 자유로운 표현 하에 선거를 통해 한국 민주정부를 수립할 것. 설립된 정부는 국가의 내정에 대한 정치적 개입을 가져오는 신탁통치를 허용해서는 안 될 것. 충칭 임시정부를 그 기반으로 삼고, 그 이름과 구조만 변화시킬 것. 신탁통치에 반대한 죄로 북한 감옥에 수감된 정치범들을 석방할 것"(『서울타임즈』, 1947.6.21)

이 선언문은 한민당의 임원이 작성했다.

문제는 공동위원회가 이러한 정당들과 단체들이 협의에 참여하고 싶어 한다는 것을 믿을 수 있는가? 하는 것이다.

미국 대표단은 하지 장군의 편지에서 표현의 자유에 관한 내용을 언급한다. 소련 대표단은 자유롭게 자신들의 의견을 표출하는 어떠한 조직도 막지 않았다. 그들은 그들이 원하는 대로 표현하였지만, 소련 대표단은 그 조직들이 모스크바 결정과 공동위원회를 적대하고 있다고 느끼고 있다. 그러한 증거와 문서가 수중에 있는 한 공동위원회는 그들과 협의할 수 없다. 그 외에 어떤 증거가 필요한가?

반탁위원회가 6월 23일의 사건과 무관하다는 주장에 대해서는 김구본인이 공동위원회에 보낸 선언으로부터 판단컨대 이 시위는 반탁위원회와 이에 동조하는 정당과 단체가 주도했다. 실제 2,000명이 참여한 이 시위는 그 자체로 이 위원회가 남한 사람들에게 어떠한 영향력을 지니고 있는지를 보여준다. 반탁위원회 회장인 김구가 서명한 전문을 인용할 필요도 없다.

소련 대표단은 내일 아침 즉각 공동위원회 제1분과위원회의 회의를 열고 공동위원회와의 협의에 반대하지 않는 정당과 단체의 명단을 작성해야 할 필요를 느끼고 있다. 이러한 정당과 단체와의 협의는 7월 7일 시작되어야 한다. 내일 공동위원회는 회의에서 민주적 정당과 사회단체와의 구두 협의 절차에 관해 소련 대표단이 제출한 초안을 승인해야만 한다.

제1분과위원회로 하여금 각 정당과 단체들을 개별적으로 검토하고이의가 제기되지 않은 정당과 단체들을 명단에 포함하여 공동위원회의 승인을 위해 제출하도록 하기 위해서이다.

브라운 장군 :

소련 대표단은 향후 공동위원회의 성공에 있어 필수적이고 중대한 문제를 제기했다. 공동위원회가 소련 대표단장이 제기한 문제를 해결하기 전까지, 정당과 사회단체의 명단을 제1분과위원회에서 추가적으로 검토하라는 요청은 무의미해 보인다.

두 외무장관의 견해와 공동위원회가 서명한 합의를 직접적으로 부정하는 수많은 현안을 모두 다루는 것은 시간이 허락하지 않는다. 이러한 문제들을 모두 적합하게 다루기 위해서는 상당히 많은 시간이 필요할 것이며, 따라서 미국 대표단장은 휴정을 제안한다.

쉬띠코프 장군 :

소련 대표단은 의심의 여지가 없는 정당과 단체의 명단을 만들 것을 제1분과위원회에 제안했다. 따라서 제1분과위원회의 이 작업은 우리가 다른 문제를 논의하는 동안 다루어질 수 있다.

브라운 장군 :

소련 대표단장은 특정한 정치적 견해를 지니는 정당과 단체를 대단히 의심하고 있다. 따라서 공동위원회가 제1분과위원회의 명단 준비과정에서 지켜야 할 원칙들에 대해 완전한 합의를 이루기 전까진 제1분과위원회가 명단에 대해 논의하는 것은 무의미해 보인다. 소련 대표단이 내세우는 원칙은 모스크바 결정이나 외무장관들 간의 합의에 부합하지 않는다. 또한 공동위원회의 향후 성공적인 작업을 위해서도 득이 되지 않는 것이다. 만약 소련 대표단이 오늘 제기한 비협조적인 입장을 지속적으로 고수한다면 위원회의 성공 여부는 심각하게 위협받게 될 것이다.

쉬띠코프 장군 :

소련 대표단은 모스크바 결정 및 지난 두 외무장관의 서신 합의를 고수할 것이다.

소련 대표단은 한국에 임시 민주 정부가 설립되어야 하고, 모스크바 결정에 따라 한국이 독립해야 한다고 생각한다. 소련 대표단은 그 외의 다른 목표는 없다. 소련 대표단은 모스크바 결정의 완수를 막는 모순점과 차이점 이외의 어떠한 것도 바라보지 않는다.

브라운 장군은 언제라도 소련 대표단장을 만날 준비되어 있다고 언급했다. 그는 미국 대표단이 언론 성명서를 준비하고 있으며 현재 공동위원회에 존재하는 시각 차이를 언급하고 소련과 미국 대표단의 요점을 드러낼 것이라고 했다. 언론에 성명을 발표하기 이전에 소련 대표단장에게 자료를 공개할 것이며, 만약 공동위원회가 오늘 회의 내용을 다루는 공동성명서나 공동발표에 있어서 합의점을 찾게 된다면, 미국 대표단장은 시각 차이를 명백히 나타내는 공동발표를 진행하고자 한다.

쉬띠코프 장군 :

우리는 확고한 절차를 갖고 있으며 소련 대표단은 절차를 위반하지 않았다. 이 절차에 따라 발표는 각 공동위원회 회의 후에 진행되고, 공동성명서는 각 결정이 합의된 후에 발표될 것이다. 소련 대표단은 이 결정을 고수할 것이다. 미국 대표단이 다른 것을 원한다면 그것은 그들이 결정할 문제이다.

　2. 공동위원회와의 구두 협의를 위한
　　　　　　　　민주적 정당과 사회단체 대표들의 명단 승인

논의되지 않았다.

　3. 구두 협의 절차의 승인

논의되지 않았다.

　4. 다음 회의 시간 결정

다음 회의 일정은 차후에 정해질 것이다.

이하 브라운 소장과 쉬띄코프 상장의 서명

첨부문서 1
정당과 사회단체와의 폭넓은 협의를 지지하는 진술

브라운 장군은 언급했다.

나는 공동위원회의 28번째 회의록 6쪽을 인용한다.

"정당과 사회단체와의 협의를 결정할 정의에 대한 합의가 필요하다."

31번째 회의록 4쪽:

"(…중략…) 다른 모든 조건은 동일하나, 공동위원회가 협의할 정당들은 1,000명 혹은 5,000명 이상의 당원을 가진 단체로만 한정될 수도 있다."

그는 소련 대표단이 이 문제에 대해 제기할 수 있는 어떠한 권고도 미국 대표단은 기꺼이 고려할 용의가 있다고 덧붙였다.

쉬띠코프 장군은 정당과 사회단체의 인원을 제한하자는 미국 대표단의 제안을 거부했다. 31번째 회의록 5쪽에서, 브라운 장군은 협의 시작 이후에 정당의 수를 결정하자고 한 쉬띠코프의 제안에 반대했다. 그는 미국 대표단은 결정이 승인된 이후 공동위원회 결의안 4호에서 도달한 합의에 대한 어떠한 수정도 거부한다고 밝혔다. 브라운 장군이 논의에 참가할 정당과 사회단체를 제한하는 것과 제한의 정의를 명확히 할 것을 다시금 제안한 것은 31번째 회의록에 기록되어 있다.

쉬띠코프 장군은 대답했다.

소련 대표단은 이 문서의 현재 회의에서 명단에 포함되는 정당들에 대해 어떠한 제한이나 기준을 설정하는 것은 적절치 않다고 생각한다. 이것은 공동성명서 5호의 선언에 서명한 모든 민주적 정당과 사회단체는 협의에 참여하도록 초청될 것이라는 조항 7에 모순된다.

27

미소공동위원회 제42차 회의록

KWUB-0107, NARA

회의록-42차 회의

미소공동위원회 : 한국 서울, 덕수궁

1947년 7월 14일 13시 30분

참석자

미국 대표단 : 브라운 소장(의장), 번스 씨, 존 웨컬링 준장, 오웬 존스 씨, 링컨 대령

소련 대표단 : 쉬띄코프 상장, 툰킨 일등 자문위원, 레베데프 소장, 발라사노프 이등 자문위원, 코르쿨렌코 대좌

그 외 고문들과 기술전문가들도 참석함

비서관들

에드워즈 중령 (미국)

아브라멘코 대좌 (소련)

의제

1. 공동성명서

2. 공동위원회 협의에 참석할 민주적 정당과 사회단체의 명단 승인

3. 공동위원회 구두 협의를 위한 민주적 정당과 사회단체의 대표자 명단 승인

4. 구두 협의 절차 승인

5. 다음 회의 시간 결정

1. 공동성명서

브라운 장군 :

소련 대표단이 제시한 성명서는 미국 측이 제시한 것과 형식상 다른 부분이 있었지만, 미국 대표단은 이를 신중히 검토했고 5쪽 두 번째 문단에 다음과 같은 문장을 추가했다. "미국 대표단은 전체 정당의 명단을 체계적으로 검토할 것과 어느 정당과 단체들이 제외되어야 하는지에 대한 상호합의 하의 의사결정을 위해 양측 대표단이 제기한 다양한 정당과 단체들에 관한 일체의 반대 의견을 고려할 것을 여러 번 제안했었다. 소련 대표단은 이러한 제안을 반복적으로 거절해왔다." 미국 대표단은 그들이 준비한 언론 보도가 소련 대표단이 준비한 언론 보도보다 양측 대표단의 견해 차이를 더 명확하게 제시할 수 있을 것으로 판단한다. 미국 대표단은 미국 대표단이 준비한 언론 보도를 우리가 직접 발표할 것을 제안하고 만약 소련 대표단이 자신들이 준비한 언론 보도를

발표하길 원한다면 그렇게 할 것을 제안한다. 양측 대표단은 발표되는 성명서들을 더 이상 수정할 수 없다.

쉬띄코프 장군 :

소련 대표단도 미국 대표단이 제출한 언론 성명서의 글을 검토했다. 오늘 미국 측이 제시한 이러한 수정조항은 성명문 내에서 전에 없던 것일 뿐 아니라, 이 문제의 주제도 전에 없던 것이다. 우리는 회의가 시작할 즈음에 이 수정조항을 보았기 때문에 이와 같은 제안을 미국 측이 한 적이 있었는지 파악하려고 했으나 모든 기록과 회의록을 열람하지 못했다. 소련 측의 입장에서 미국 측은 사전 회의에서 이러한 제안을 한 적이 없으며, 오히려 소련 측이 제안했을 때 미국 측이 이를 거절했다. 그러므로 만약 미국 측의 이 제안이 단순히 성명문만을 위한 것이 아니라 해당 주제를 지속시키고자 하는 것이라면 소련 대표단은 공동위원회의 아래와 같은 결정을 받아들일 것을 제안한다.

상호합의를 통해 어떠한 정당이 포함되어야 할지를 결정하기 위하여, 번스와 툰킨의 제1분과위원회가 지원서를 제출한 단체의 전체 명단을 검토하고, 여러 정당 및 단체와 관련해 양측 대표단이 반대 의사를 표명한 모든 사항을 재고할 것을 지시할 것

이 제안이 빈번하게 제기되는 제안들과 유사하다는 점을 고려하여, 미국 측이 이 제안을 받아들인다면 소련 대표단은 제1분과위원회의 작업에 착수할 준비를 할 것이다.

소련 대표단과 미국 대표단이 제시한 성명문 초안의 내용과 관련해서 소련 대표단은 소련 측이 준비한 성명문 발표를 제안한다. 이것이 양측 대표단의 입장을 가장 진실하고 객관적으로 반영하기 때문이다. 미국 측이 일방적으로 성명문을 발표하겠다는 제안은 전혀 논의된 바 없으며, 금일 제시된 의제와도 무관하다. 금일 의제는 공동성명서에 관한 것이다.

브라운 장군 :

40차 회의 때 소련 측 대표단장의 말을 인용하자면,

"소련 대표단은 어떤 제안을 바꾼 적이 없으며, 일방적으로 정당과 단체를 제외하지도 않았다. 정당과 단체에 대한 제외는 공동위원회를 결정을 통해서만 가능하다"고 하였다. 그리고 조금 뒤 말하기를, "10,000명 이상의 회원을 보유한 모든 정당과 단체는 제1분과위원회 상호합의에 따라 공동위원회 협의 명단에 포함될 것이다"라고 했다. 이어지는 두 페이지에서 소련 대표단장은 소련 대표단이 어떤 정당이 명단에 포함되어야 하는지에 대해 거부권veto power을 갖겠다고 제안했는데, 이에 대해 소련 측이 '제외'와 관련해 영향력을 갖고자 하는 어떠한 제안도 하지 않았다는 그들의 주장을 어떻게 옹호할지가 궁금하다. 만약 이것이 '제외'의 문제와 연관되지 않는다고 한다면, 소련 측이 이해하는 '제외'란 무엇인지 모르겠다.

쉬띠코프 장군 :

그렇다. 소련 측은 40차 회의에서 일방적인 제외를 제안한 적이 없다고 말했지만, 반탁위원회를 구성하는 정당과 단체를 제외하고 10,000명 이상의 정당과 단체들은 상호합의에 의거, 명단에 포함되어야 한다고 제안했다.

'거부권'에 관하여, 소련 측은 이 단어를 사용한 적이 없으며 이와 관련한 문제를 제기한 적도 없다. 왜 미국 측은 그렇게 '거부권'이라는 단어에 집착하는가? 이는 분명 미국 대표단이 외무장관들 사이에 합의된 조항 3을 철회하고자 하는 저의 때문일 것이다. 조항 3이란, "공동위원회와의 협의에 초대된 개인, 정당, 사회단체들은 공동성명서 5호에 제시된 선언에 서명한 후에 공동위원회의 업무, 연합국 중 한 국가, 모스크바3상회의의 결정 준수에 반대하는 시위를 조장해서는 안 된다. 그러한 개인, 당, 사회단체들은 향후 공동위원회 협의에서 제외될 것이다. 이 개인, 정당, 사회단체들의 제외에 관한 결정은 공동위원회의 양 대표단의 상호합의로 결정될 것이다"라는 내용의 조항이다. 미국 대표단이 거부권을 행사하는 곳이 바로 이 지점이다. 나는 미국 대표단에게 다음의 진술이 언급된 기록 혹은 제안을 인용하길 요청한다. "미국 대표단은 전체 정당의 명단을 체계적으로 검토할 것과 어느 정당과 단체들이 제외되어야 하는지에 대한 상호합의 하의 의사결정을 위해 양측 대표단이 제기한 다양한 정당과 단체들에 관한 일체의 반대 의견을 고려할 것을 여러 번 제안했었다." 이 진술은 어디에 있는가? 이 문제가 진술된 기록 제출을 요청한다. 이 단도직입적 질문에 대한 대답을 요청한다.

브라운 장군 :
미국 대표단장은 심히 혼란스럽다. 소련 대표단장이 제기하는 그 문

제가 무엇인지 이해하지 못하겠다.

쉬띄코프 장군 :

미국 대표단은 제출된 성명서에 제안을 덧붙였다. 그 추가 제안은 다음과 같다. "미국 대표단은 전체 정당의 명단을 체계적으로 검토할 것과 어느 정당과 단체들이 제외되어야 하는지에 대한 상호합의 하의 의사결정을 위해 양측 대표단이 제기한 다양한 정당과 단체들에 관한 일체의 반대 의견을 고려할 것을 여러 번(나는 '여러 번'을 강조하고자 한다) 제안했었다."

미국 측이 성명문 초안에 덧붙인 이 제안은 그 어떠한 회의에서도 소련 측에게 제시된 적이 없었다. 이러한 제안이 제출된 적이 있다면 미국 측에게 그 기록을 요구하고자 한다.

브라운 장군 :

1947년 7월 9일 13시 30분, 서울에서 실시된 40차 회의의 회의록 16쪽에 다음의 서술이 있다. "공동위원회에서 쟁점에 관한 최종 합의에 도달하기 위해, 위원회의 아래와 같은 공동 결정 채택을 제안한다. ① 제1분과위원회의 상호합의 하에 제외된 정당과 단체를 제외하고, 10,000명 이상의 회원을 보유한 모든 정당과 사회단체는 명단에 포함되어야 한다. ② 구두 협의를 위해 이러한 정당과 단체에 즉각적으로 공지해야 하며, 날짜가 정해져야 한다. ③ 제1분과위원회는 10,000명 미만의 회원을 보유한 모든 정당과 사회단체를 검토해야 하며, 미국 대표단의 회의록에서 정의한 바에 따라 상호합의 하에 소규모, 부실, 혹은 사회적 단체라고 판단할 수 없는 정당을 제외해야 한다." 미국 대표단은 이러한 제안을 적어도 3번은 했다. 미국 대표단장은 이전 기록에서 소련 대표단장이 소련 대표단은 일방적으로 제외할 권리를 원하지 않는다고 진술한 것을 다시 한번 지적하며, 소련 대표단에게 만약 이것이 그들의 의도에 맞는 진술이라면 왜 방금 읽은 40차 회의의 미국 대표단장 제안을 수용할 수 없는지 묻고 싶다.

쉬띄코프 장군 :

그렇다. 그러한 제안을 40차 회의에서 미국 측이 제시한 적이 있다. 그러나 이는 미국 측이 공동성명서에 수정한 내용과는 상응하지 않는다. 나는 오늘 미국 대표단이 소개한, 공동성명서에 추가한 문구를 다시 한번 읽고자 한다. 누구든지 이것이 브라운 장군이 앞서서 제시한 3가지 사항과 상응하는지 비교해보기 바란다. 미국 대표단이 추가한 부분은 다음과 같다. "미국 대표단은 전체 정당의 명단을 체계적으로 검토할 것과 어느 정당과 단체들이 제외되어야 하는지에 대한 상호합의 하의 의사결정을 위해 양측 대표단이 제기한 다양한 정당과 단체들에 관한 일체의 반대 의견을 고려할 것을 여러 번 제안했었다."

브라운 장군이 열거한 3가지 사항에는 명단에 있는 모든 정당과 단체들이 검토되어야 한다는 내용은 없다. 이 3가지 사항은 오직 10,000명 미만의 회원을 보유한 정당과 단체만을 언급하고 있을 뿐이다. 그러므로 공동합의문에서 미국 대표단이 제시한 초고의 추가 사항이 단지 공개 발표를 위한 것이 아니라 논의된 문제라는 점을 고려하여 다음과 같은 결정 채택을 제안한다. "상호합의를 통해 어떠한 정당이 명단에 포함되어야 할지 결정하기 위해, 미국 대표단의 번스 씨와 소련 대표단의 툰킨 씨를 통해 지원서를 제출한 전체 정당의 명단을 검토하고, 다양한 정당 및 단체와 관련해 양측 대표단이 반대 의사를 표명한 모든 사항을 재고할 것을 지시할 것."

제안은 이렇다. 그렇다면, 제1분과위원회가 이틀 안에 작업을 마칠 수 있을 것이기 때문에 미국 대표단은 반대가 없을 것이고, 회의에서 의견충돌도 없을 것이다.

브라운 장군 :

미국 대표단장은 소련 대표단장이 방금 읽은 부분을 다시 읽어보기 원하고, 소련 대표단장은 이를 명백하게 이해하지 못하고 있다. 브라운 장군이 방금 읽은 40차 회의록 발췌는 지금 미국 대표단 앞에 놓여 있는 기록 사본의 16쪽 내용이다. 내용은 이렇다. "① 제1분과위원회의 상호합의 하에 제외된 정당과 단체를 제외하고, 10,000명 이상의 회원을 보유한 모든 정당과 사회단체는 명단에 포함되어야 한다. ② 구두 협의를 위해 이러한 정당과 단체에 즉각적으로 공지해야 하며, 날짜가 정해져야 한다. ③ 제1분과위원회는 10,000명 미만의 회원을 보유한 모든 정당과 사회단체를 검토해야 하며, 미국 대표단의 회의록에서 정의한 바에 따라 상호합의 하에 소규모, 부실, 혹은 사회적이라고 판단할 수 없는 정당을 제외해야 한다." 이 제안은 정당의 비율을 고려하지 않으며, 10,000명 이상과 미만의 모든 정당을 대상으로 한다. 이 둘을 더하면 전체, 모든 정당이 된다. 미국 측과 소련 측의 관점 차이는 다음과 같다. 이미 공동위원회 협의에 지원한 460여 개의 정당이 있다. 만약 제1분과위원회 회의에서 어떤 정당을 제외할지 말지에 대한 문제가 제기된다면, 논의하면 된다. 협의를 위해 지원한 그 460여 개의 정당들은 공동위원회 명단에 포함되어 있다. 미국 대표단의 주장은 이 명단에서 제외되어야 할 정당이 있다면 양측의 상호합의에 의해서만 제거될 수 있다는 것이다. 그러나 미국 대표단이 이해한 바에 따르면, 소련 대표단의 주장은 현재 명단은 존재하지 않으며 양측 대표단이 상호합의를 통해 명단을 준비해야 한다는 것이다. 미국 대표단은 이 제안을 받아들일 수 없는데, 이 제안은 소련 대표단에게 명단에 오를 정당에 대해 이의를 제기해 제외시킬 힘을 주기 때문이다. 이것이 바로 미국 대표단장이 언급했던 거부권이다. 외무장관들 간의 합의와 공동위원회 결의안 12호에서 도달한 합의에 따라 협의에 지원하는 모든 정당과 단체는 공동위원회 결의안 12호의 조항들에 따라 명단에서 제외되기 전까지는 명단에 포함되어 있고 포함될 자격을 갖는다.

쉬띠코프 장군 :

조금 전에 말했듯이 미국 대표단은 성명서 원본에 문구를 추가하여 제안을 진술했던 형태로 소개하지 않았다. 추가된 문구에서 미국 대표단은 지원자 명단 검토를 제안했다고 말하고 있지만, 그러한 제안은 없었다. 분명히 이 사항은 언론 발표를 위한 목적과 이 문제와 관련해서 미국 대표단이 반복적인 제안을 하였다는 것을 나타내려는 목적으로 쓰였다.

정당과 단체의 명단과 관련해서는, 소련 대표단은 그러한 명단은 사실상 존재하지 않는다고 생각한다. 브라운 장군 또한 1947년 7월 3일 공동위원회 회의에서 이와 유사한 발언을 하였는데, 기록을 인용하자면, "소련 대표단장은 지속적으로 미국의 명단을 언급하고 있다. 그러한 명단은 존재하지 않는다. 누군가가 그것을 표의 형태로 만들고, 협의를 위해 지원한 모든 정당에 대한 정보를 포함해서 편집해야만 한다. 이 명단에 대해서는 번스 씨와 그의 분과위원회 소수 구성원을 제외하고 미국 대표단은 아는 것이 없다. 더욱이 이들조차도 어떤 정당과 단체가 명단에 포함되어야 하는지 알지 못한다".

이는 정확히 기록되어 있는 부분이다.

이제 나는 누가 명단을 제출해야 하는지에 대한 공동위원회 결의안 16호를 인용하고자 한다. "그들의 대표에 대한 명단뿐 아니라 선언에 서명한 정당과 단체들의 명단도 제1분과위원회에서 논의될 것이며, 합의에 도달한 후에 공동위원회의 승인을 위해 제출될 것이다." 그러한 상호합의된 명단은 제1분과위원회에 의해 아직 편집되지 않았다. 왜냐하면, 소련 대표단의 지속된 제안에도 불구하고 미국 대표단이 정당과 단체의 명단에 대해 제1분과위원회에서 논의하길 거부했기 때문이다. 게다가 7월 10일 위원회 회의에서 소련 대표단은 제1분과위원회에 내리는 지시사항이 포함된 2개의 제안 초안을 소개했다. 미국 대표단은 두 번째 초안을 연구하고 제1분과위원회 업무 개시와 관련하여 소련 대표단에게 답변을 제시하기로 약속했다. 그러한 답변은 전달받은 바 없다. 또한, 소련 대표단이 직접 미국 대표단에게, 아니 툰킨 씨가 번스 씨에게 연락하여 미국 대표단이 제1분과위원회 업무를 개시할 준비가 되었는지 물었다. 답변은 부정적이었다. 소련 대표단 단독으로는 제1분과위원회의 업무 개시를 강요할 수 없다. 미국 대표단은 제출된 성명서 초안에 추가 문구를 소개했는데, 소련 대표단은 이를 근거로 제1분과위원회의 업무를 개시할 수 있으므로 이는 단순히 언론 발표를 위해 의도된 것이 아니라고 믿는다. 하지만, 만약 이것이 단지 언론 발표를 위한 것이었다면, 미국 대표단은 그러한 추가 문구를 분명하게 거부할 것이다.

공동위원회의 모든 문서, 기록, 제안에서 확인되듯, 공동위원회와의 협의를 위한 정당과 단체의 전체 명단을 검증하자는 제안은 미국 대표단이 아닌 소련 대표단에서 나왔다.

언론성명서 원문에 추가 문구를 오늘 회의에서 제기한 미국 대표단의 목적은 무엇인가? 명백하게 미국 대표단에 유리한 방향으로 발표를 하려는 목적 단 하나이다.

사실과 문서는 부정될 수 없다.("사실과 문서는 완강하다"에서 번역된 것처럼)

브라운 장군 :

미국 대표단장은 사실과 문서는 부정될 수 없다는 말을 기쁘게 받아들인다. 나는 이제 사실과 문서에 근거하여, 이 문제가 처음 부각된 이후 미국 측이 해결책으로서 제시한 7차례의 제안이 소련 측에 의해 7번 거절당했다는 사실을 보여주려 한다. 기록을 심도 있게 분석하면 아마도 7번이라는 숫자는 더 늘어날 수 있다. 그 전에 미국 대표단장은 소련 대표단장의 발언에서 오류를 이제 3번째로 정정하고자 한다. 즉, 7월 3일 회의에서 브라운 장군은 정당과 단체의 명단이 존재하지 않는다고 말했다. 브라운 장군은 이 문제에 대한 자신의 의견을 기록으로 남겼고, 이미 두 차례에 걸쳐 미국은 명단을 갖고 있지 않다는 브라운 장관의 말을 소련 대표단에게 알렸다. ─ 제1분과위원회의 미국 위원들은 공동위원회 결의안 12호에 의거하고 동 결의안 5항에서 요구하듯 협의에 지원하는 모든 정당과 단체의 명단을 준비했다. 여기에서 준비했다는 명단은 미국의 명단이 아니라 "공동위원회 명단"이다. 이 명단에 관한 조항은 소련 대표단이 동의하고 소련 대표단장이 서명한 문서의 5항에 명시되어 있다. 나는 제1분과위원회의 소련 위원들이 왜 출석하지 않았고 명단 준비를 돕지 않았는지 모르겠다. '사실'은 이들이 준비를 돕지 않았다는 것이다. 이런다고 합의된 결의에 따라 준비된 명단이 공동위원회 명단이라는 사실은 변하지 않는다.

7월 3일의 38차 회의록 15쪽에서 브라운 장군은 10,000명 이상의 회원을 보유한 남북한의 모든 정치적 정당과 사회단체에 7월 7일 열릴 협의에 참석할 것을 통지하자고 제안했다. 소규모의 논란이 있는 정당들은 공동위원회가 향후 판단을 내리기 전까지 협의에 소환되지 않는다. 소련 대표단장은 반탁위원회 구성원들의 명백히 비판적인 행위들에 대해 경고하자고 주장했지만, 이 제안을 수용했다.

7월 8일의 39차 회의에서 미국 대표단장은 10,000명 이상의 회원을 보유한 정당과 단체와의 협의를 즉각 시작하고, 나머지와의 협의는 제1분과위원회의가 명단을 검토할 때까지 연기할 것을 다시 한번 제안했다.

7월 9일의 40차 회의에서 미국 대표단장은 다음과 같이 말했다. 나는 소련 대표단장의 최근 발언에서 나타난 오류에 주목하기 위해 이 긴 진술을 다시 한번 읽어보기를 제안한다.

만약 소련 대표단이 협의를 요청했지만 존재하지 않는다고 밝혀진 정당들의 명단을 제시할 수 있다면, 미국 대표단은 상호합의 하에 그들의 제외를 수용할 것이다. (…중략…) 소련 대표단은 어떤 특정 단체들이 실제로 사회단체인가 아닌가의 문제를 제기한다. 미국 대표단은 제1분과위원회가 소련 대표단이 사회적인 단체가 아니라는 근거로 문제 삼은 단체들에 대해 재고할 것과 만약 제1공동위원회가 상호합의에 이를 수 있다면 공동위원회에 제외를 권고하도록 하지 못할 이유가 없다. 이 단체들과 관련해서 제1분과위원회는 1947년 7월 9일의 3쪽 두 번째 문단에 있는 미국 대표단장의 발언에 따라 인도되어야 한다. 인용하자면, "모스크바 결정이 정치적 정당과 사회단체에 대한 정확한 정의를 내려주지 않았기 때문에, 미국 대표단은 정당과 단체에 대한 정의를 소련 대표단이 적용하려는 편협한 정의보다는 전 세계의 여러 언어에서 나타나는 일반적인 정의의 개념을 받아들여 협의의 적합성을 주장하는 정당과 단체를 수용할 수밖에 없다."

브라운 장군은 모스크바 결정문에 반대하기 위해 설립된 정당과 사회단체와 관련해서 발언했다.

"미국 대표단은 외무장관들의 합의에 따라 소련 대표단이 제기하는 어떠한 이의에도 기꺼이 착수하고 고려할 것이다. 나는 합의 1항을 인용한다. '공동성명서 5호에 명시된 선언문의 서명은 모스크바3상회의의 결정을 완전히 지지한다는 것을, 그리고 선언문에 서명한 정당들과 단체들은 초기 협의에 참여할 수 있는 권리를 가진다는 것을 보여주는 선의의 선언으로 간주될 것이다.'"

브라운 장군은 언론이 발표한 기사를 다시 한번 거부하며 다음과 같이 말했다. "나는 만약 소련 대표단이 두 외무장관들에 의해 승인된 선언에 서명함으로써 자격을 갖춘 어떤 정치적 정당과 사회단체에 대해 이의를 제기하기 원한다면, 공동위원회 재개를 위해 몰로토프 씨가 승인한 제안들에 추가적인 합의를 나중에 덧붙이려는 시도가 아니라 두 외무장관들의 합의에 따라 진행할 것을 다시 한번 제안한다."

지역적인 단체들에 관한 문제에 대해서, 브라운 장군은 이전 회의들에서 미국 대표단이 소련 대표단에 정당과 단체가 협의 참여를 위해 보유해야 하는 최소 회원의 수를 1,000명으로 설정하는 것에 동의할 것을 촉구했다는 점을 지적했다. 그는 "미국 대표단은 소련 대표단이 원한다면 하한선에 대해 소련 대표단과 다시 논의할 의사가 있다"라고 말했다. 그리고서 브라운 장군은 제안했다. "더 이상의 지체를 막기 위해, 미국 대표단은 10,000명 이상의 회원을 보유한 모든 정치적 정당과 사회단체를 구두 협의 참여 명단에 포함하고, 공동위원회 결의안 12호에 따라 가능한 한 이른 시일 내에 이러한 정당 및 사회단체들과 구두 협의를 시작할 것을 제안한다. 제1분과위원회에 10,000명 미만의 회원을 보유한 정당과 단체들을 미국 대표단의 이 제안에 포함된 성명에 따라 검토하고, 상호합의 하에 10,000명 미만의 회원을 보유하고 공동위원회와 구두로 협의할 정당과 단체들의 명단을 준비하도록 요청할 것을 제안한다. 이 명단에는 제1분과위원회의 상호합의에 따라 제외되지 않은 10,000명 미만의 회원을 보유한 모든 정당과 사회단체가 포함될 것이다. 이 사안에 대한 제1분과위원회의 더 이상의 의견 불일치는 재심의를 위해 공동위원회에 회부될 것이다."

1947년 7월 10일의 41차 공동위원회 회의에서 브라운 장군은 "미국 대표단은 반탁위원회에 참가한 정당과 단체 그리고 명목상으로만 10,000명 이상의 회원을 보유한 정당과 단체를 포함한 모든 정당과 단체와의 협의가 이른 시일 내에 시작될 수 있을지에 대해 우려를 표한다"라고 말했다. 또한, 동일 회의에서 이후 브라운 장군은, 공동위원회는 한때 반탁위원회의 구성원이었던 이들을 포함하여 모든 정치적 정당들과 협의 작업을 시작해야 한다고 재차 제안했고, 회의 말미에 브라운 장군은 제1분과위원회가 만나서 다음의 조건에 따라 준비된 명단을 검토하자고 제안하였다. 다음의 조건이란 다음과 같다. "제1분과위원회의 상호합의로 제외된 것이 아니라면, 10,000명 이상의 회원을 지닌 모든 정당과 단체들이 명단에 포함되어야 한다. 이러한 정당과 단체에 협의 참석을 즉각 통지하고, 구두 협의 날짜를 조율해야 한다. 제1분과위원회는 10,000명 미만의 모든 정당과 단체를 검토하고, 상호합의 하에 너무 소규모이거나 미국 대표단의 회의록에 나와 있는 정의에 따라 사회적이라고 분류될 수 없는 정당과 단체를 제외해야 한다."

성명문에 한두 문장을 추가해 언론의 이목을 집중하고자 하는 것이 미국 대표단의 목적이 아니다. 그 문장들은 위원회 회의록에 적절하게 기록된, 마땅히 세계에 알려야 할 사실들을 알리기 위해 추가되었다. 미국 대표단은 공동성명서의 서로 다른 관점을 해결하려는 노력이 소용없는 일이라고 생각한다. 공동위원회가 상당한 정도의 의견 불일치를 겪고 있다는 것은 주지의 사실이다. 이러한 이견의 이유를 우리는 알지도 못하고, 소련과 미국 대표단의 관점이 어떠한지도 알지 못한다. 한국인들에게 협의가 7월 7일에 시작될 것이라고 약속했지만 이미 7월 14일이 되었다. 만약 협의가 7일에 시작되었다면 지금쯤 3분의 2는 완료되었을 것이다. 이제는 세계에, 특히 한국인들에게 견해 차이를 알려야 할 때이다. 따라서 미국 대표단은 단독적인 언론 발표를 제안한 것이며,

동시에 소련 대표단도 같은 행동을 취할 권리가 있음을 인정한 것이다. 미국 대표단은 소련 대표단에게 최소한 7번 제안했고 방금까지 미국 대표단장이 공동위원회 40차 회의록에서 읽은 문구를 언론 발표에 문구 그대로 추가할 확고한 의지가 있다. 브라운 장군은 소련 대표단장이 아마도 1947년 7월 3일 평양에서 열린 공동위원회 회의에서의 브라운 장군의 인용에 잘못된 혐의가 있는 것이 아닌가 말했다. 나는 기록에서 번역되어 소련 속기사가 기록한 그대로 정확히 인용했다. 미국 대표단이 작성한 정당과 단체 명단과 관련하여, 또한 알 수 없는 이유로 이 명단 작성에 불참했던 소련 대표단이 제기한 비난과 관련하여 제1분과위원회에서 규정된 대로 툰킨 씨가 이 문제와 관련한 정보를 제공해 주기를 바라는 바이다.

툰킨 씨:

브라운 장군은 공동위원회가 준비한 명단이 있으며 왜 소련 대표단 구성원이 이 명단 작성에 참여하지 않았는지 이유가 궁금하다고 하였는데, 나는 이러한 발언에 매우 놀랐다. 제1분과위원회 양측의 합의 하에 소련과 미국 측은 남북한에서 협의에 참여하고자 신청한 정당과 단체의 명단을 각자 작성했다. 이러한 명단들이 제1분과위원회의 소련과 미국 대표단 양측 모두에 의해 작성되었다. 이때 절차는 결의안 16호에 의거했다. 이 결의문의 2항은 다음과 같이 말한다. "정당과 단체들이 제출한 정보는 번역을 거친 후에 비서관들이 제1분과위원회의 각 의장에게 전달한다. 앞서 언급한 정보에 기초하여, 협의에 지원한 정당과 단체의 완성된 명단과 그들의 지정된 대표에 대한 별도의 명단이 작성되어야 한다."

3항, "그들의 대표에 대한 명단뿐 아니라 선언에 서명한 정당과 단체들의 명단도 제1분과위원회에서 논의될 것이며, 합의에 도달한 후에 공동위원회의 승인을 위해 제출될 것이다." 이 결정에 따라 제1분과위원회는 6월 25일 이러한 명단들의 예비 초안에 대한 논의를 시작했다. 제1분과위원회의 첫 번째 회의에서조차 지원서를 제출한 단체들 중 실제로 존재하지 않는 단체들이 있다는 사실이 확인되었다. 명단에서 제외될 그러한 단체는 3개로 확인되었고, 보고된 회원 수가 의심스러운 단체들도 확인되었다.

6월 26일, 27일, 28일에 걸쳐 예비 명단에 관한 제1분과위원회 회의가 3번 진행되었다. 여기에서 소련 대표단은 수많은 제안을 제시했다. 특히 그 존재가 의심되는 많은 단체들의 실체를 검증하고, 의심되는 단체들의 회원 수 검증을 제안했다. 게다가 단체들의 이름이 보여주듯 많은 경우 사회적 성격의 단체가 아니었고, 소련 대표단은 우리가 모스크바 결정에 따라 이러한 단체들을 명단에 포함하지 않기 위해 논의하고 필요하다면 검증할 것을 제안했다.

소련 대표단은 지역적인 단체들과 반탁위원회를 포함하는 단체들에 대해서도 제안했다. 그리고 추측건대 제1분과위원회의 미국 대표 번스 씨는 갑자기 결의안 16호 3항에 제1분과위원회에 합의한 명단만이 제출될 수 있다고 명시되어 있음에도 불구하고, 제1분과위원회에서 논의되었고 존재하지 않는 단체 3개가 제외된 초기 명단은 수정의 대상이 아니고 공동위원회에 그대로 제출되어야 한다고 말했다.

제1분과위원회에서 미국 대표단이 취한 입장의 결과, 분과위원회는 더 이상 명단의 예비 논의를 진척시킬 수 없었다. 따라서 결의안 16호 3항과 결의안 12호 5항의 명시된 바와 같이 그러한 명단은 존재하지 않는다는 소련 대표단의 주장은 일리가 있다.

쉬띄코프 장군 :

나는 소련 대표단이 공동위원회 회의에서 진술한 내용들을 더 설명하고 인용하거나 소련 대표단이 제시안 제안들을 반복해서 설명할 의도가 없다. 이 제안들은 미국 대표단도 잘 알고 있을 것이고 우리의 회의록에도 자세히 기록되어 있다. 게다가 우리는 추가적인 제안을 할 시간도 없다.

소련 대표단은 회의에서 지속적으로 제안들을 소개한 것으로 알려져 있다.

제1분과위원회에서 제시된 소련 대표단의 첫 번째 제안은 구두 협의의 절차와 이를 위해 필요한 수의 분과위원회를 설립하는 것이었다.

소련 대표단의 두 번째 제안은 소련과 미국 양 대표단의 반대가 없는 정당과 단체들과 즉각적인 협의를 시작하는 것이었다.

소련 대표단의 세 번째 제안은 제1분과위원회가 선언에 서명한 정당과 단체의 명단에서 비사회적인 단체가 있는지 검토하고, 지역적으로 중요성이 없는 지역의 단체들에 대한 검토를 시작할 것과, 그 이후에는 이러한 단체들과 반탁위원회를 포함하는 정당과 단체들에 대해 조치를 취하기 위해 공동위원회에 분과위원회의 제안을 제시하자는 것이었다.

소련 대표단은 반탁위원회가 존재하지 않는다는 미국 대표단과 사전 트Sargent 씨의 보고서 이후에도 현재 반탁위원회의 활동들에 대해 언급하고 있는 언론 기사들이 있다는 사실과 그에 대한 실례를 제시했다.

게다가 소련 대표단은 제1분과위원회에 의심스러운 단체들이 실제로 존재하는지 조사할 것을 요구했다. 152개의 표준적인 인쇄 답안이 공동위원회에 제출되었고 모든 답안들이 한민당의 인도에 따라 구성되었기 때문에 소련 대표단의 의심은 정당하다. 소련 대표단은 이 명단에 모스크바 결정에 따라 협의 자격이 없는 존재하지 않는 정당들 혹은 한민당의 지부들이 있을 것으로 생각한다. 또한, 소련 대표단은 미국 대표단이 오늘 회의에서 언론 성명서 원본 초안에 추가한 진술의 요점을 진정성 있게 수용할 것이다.

나는 다음의 결정을 받아들이기를 제안한다. 공동위원회는 번스 씨와 툰킨 씨의 제1분과위원회에 상호합의 아래 어느 정당과 단체들이 명단에 포함되어야 하는지 결정하기 위해 지원자 전체 명단을 검토하고 여러 정당과 단체들에 대한 양 대표단의 모든 반대 의사를 재검토할 것을 지시해야 한다.

언론 성명서에 관해서 소련 대표단은 성명서가 발표되어야 하며, 우리의 결의에 따라 단독적인 성명서가 아니라 양 대표단의 관점을 담은 공동성명서가 되어야 한다고 생각한다.

브라운 장군 :

명단 준비와 관련해서 미국 대표단장의 언급에 대한 오해의 여지를 없애기 위해 1947년 7월 3일 평양에서 열린 공동위원회 38차 회의록 개요 19쪽을 인용한다.

소련 대표단장이 지속적으로 미국 명단에 대해 언급하고 있지만 그러한 미국의 명단은 존재하지 않는다. 누군가는 협의에 지원한 모든 정당과 단체들에 대한 자료를 기록하는 작업을 해야만 했다. 소련 대표단이 이 작업을 하지 않았기 때문에 미국 대표단이 수행한 것이다. 그들은 이 작업을 진행할 수단이 있었다. 그들은 미국의 명단을 작성한 것이 아니며 모든 정당들의 명단 즉 공동위원회 명단을 작성한 것이다.

번스 씨와 몇몇 그의 보조원을 제외하고는 미국 대표단은 어떤 정당과 단체가 그 명단에 올라있는지 아직 알지 못한다. 툰킨 씨는 그의 진술에서 그가 "작업 명단working list"이라고 부르는 것을 언급한다. 그는 실제로 존재하지 않는 단체들이 제1분과위원회에 의해 "작업 명단"에서 제거되었다고 말했다. 그는 또한 "예비 명단preliminary list"에 대해 언급했다. 그는 제1분과위원회가 3일 동안 "예비 명단" 논의에 열중했다고 말했다. 공동위원회 결의안 16호 5항에는 "명단a list"이 언급된다. 공동위원회 결의안 16호 2항에는 "완성된 명단complete list"이 언급된다. 우리는 명단의 이름을 5개나 가지고 있는 것이다. 소련 대표단장은 이를 "미국 명단American list"이라고 부르고, 미국 대표단장은 이를 "공동위원회 명단Joint commission List"이라고 부르며, 공동위원회 결의안 16호는 이를 "그 완성된 명단the complete list"으로, 공동위원회 결의안 12호는 "그 명단the list"이라고 부른다. 그러나 툰킨 씨는 그의 발언 말미에 "명단은 없다"라고 말한다. 미국 대표단은 이러한 생각의 전개를 따라가기가 어렵다. 툰킨 씨가 시사하는 점은 공동위원회 결의안 16호 3항에 쓰인 세 단어가 소련 대표단에게 공동위원회의 명단에 대한 거부권을 주려는 분명한 목적을 위해 그 결의문 내에 쓰였다는 것이다. 그 세 단어는 "and following agreement(합의에 도달한 후에)"이다. 툰킨 씨 발언의 논리대로라면 그가 "작업 명단"이든, "예비 명단"이든, "명단"이든, "완성된 명단"이든, "미국 명단"이든, "공동위원회 명단"이든 어떻게 부르든지 간에 분과위원회가 명단 내에 쉼표, 구두점, 문장, 이름 등에 관한 사항들에까지 완벽하게 합의하지 못한다면 그 명단은 제1분과위원회에 파묻힌 상태로 남을 것이다. 툰킨 씨 또한 이것이 터무니없는 주장이라는 것을 알 것이다. 누군가 공동위원회 결의안 16호에서 어떠한 목적을 이루기 위해 그 세 단어를 쓴 것이라면 그는 어떠한 성과도 취할 수 없을 것이다. 왜냐하면 전 세계 어디에도 그러한 견해를 지지해줄 의견은 없을 것이기 때문이다. 만약 분과위원회가 합의에 도달하지 못하면 어떻게 되는가? 그 이견은 공동위원회에 회부될 것이다. 이것이 바로 지금의 경우이다. 제1분과위원회가 합의에 도달하지 못하는 이유는 분과위원회의 소련 측 위원들이 이미 소련 대표단이 동의했고 소련 대표단장이 서명을 끝냈음에도 불구하고 공동위원회 결의안 12호에 추가적인 제안을 하려고 시도하고 있기 때문이다. 자연스럽게 제1분과위원회의 미국 대표단은 이러한 제안에 동의할 수가 없다. 이견이 발생했고 문제는 공동위원회에 적절히 회부되었다. 소련 대표단장은 그들이 준비하려는 새로운 명단에 소련 대표단이 동의하는 정당과 단체들만 포함하기 위해 명단을 다시 제1분과위원회로 회부하자고 제안하고 있다. 미국 대표단은 이와 같은 제안에 절대 동의할 수가 없다. 소련 대표단장의 발언을 보면 소련 대표단이 한국인 대부분에 대해 청문 받을 권리를 거부하려 한다는 것이 명백하다. 그는 실제로 152개의 우익 정당들이 설문지에 비슷한 답안을 제출했다고 언급했지만, 남북한의 '민족전선' 구성원들 또한 답안이 거의 동일하다는 사실을 언급하지 않는다. 미국 대표단은 우파의 목소리뿐만 아니라 좌파의 목소리에도 귀를 기울일 것이다. 공동위원회 자체도 양측 진영의 목소리를 모두 들어야 한다. 우리가 우파와 좌파 중 어디를 좋아하는가는 중요하지 않다. 이 기구는 우리 정부들 사이에 엄숙히 합의된 조약에 따라 설립되었고 최근 우리의 외무장관들 사이의 합의에 따라 인도된다. 위원회의 소수 개인이 '우파' 또는 '좌파'라는 단어를 좋아하지 않는다는 사실은 우리가 최근까지 하던 일에서 시간을 낭비시키거나 우리에게 배정된 업무 진행을 지연시키는 핑계가 될 수 없다. 성명서에 대해서, 미국 대표단장은 공동위원회 성명서에 대한 합의에 도달하는 것은 불가능하다고 생각한다는 것을 소련 대표단에게 다시 한번 알린다. 한국인과 세계는 현재의 시각 차이를 알 권리가 있다. 따라서 미국 대표단은 미국 대표단이 준비하여 소련 대표단에 전달한 성명서를 발표할 것을 제안한다. 마찬가지로, 소련 대표단도 소련 대표단이 준비하여 미국 대표단에게 전달한 성명서를 발표하는 것에 이의가 없다. 만약 소련 대표단이 휴회를 원한다면 미국 대표단은 이의 없다. 소련 대표단장은 10분 휴식을 원하는가? 아니면 휴회를 원하는가?

쉬띄코프 장군 :

소련 대표단은 공동성명서의 필요성을 제안한 바 있다. 소련 대표단은 이것이 공동위원회의 결정이었을 때부터 이러한 입장을 견지해왔다. 이 성명서는 양측 대표단의 관점을 잘 보여줄 것이다.

또한, 소련 대표단은 명단에 대한 미국 대표단의 발언이 공동위원회 결의안 16호와 완전히 모순된다고 생각하며, 미국 대표단은 단독적인 명단을 작성할 권한이 없다고 분명히 말한다. 명단은 오직 제1분과위원회에서만 작성되어야 하며, 대표단장들의 서명을 받기 위해 제출되어야 한다. 이러한 명단만이 정당성을 갖춘 명단일 것이다.

나는 브라운 장군의 발언을 잘못 기록했다고 우리의 속기사를 비난할 수 없다. 그의 발언은 번역된 그대로 사본에 기록되었고, 내가 7월 3일 평양에서의 브라운 장군의 발언을 인용한 것도 이 사본이었다.

우파와 좌파에 관련해서, 소련 대표단은 미국 대표단도 알고 있듯이 언제 어디에서도 좌파에 대한 선호를 드러낸 적이 없으며 우파를 배제하자고 제안한 적도 없다. 7월 10일 회의에서 우리가 미국 대표단에 제시했던 10,000명 이상의 회원을 가진 정당과 단체의 명단에 좌파와 우파 단체 모두가 포함되어 있다는 사실이 이를 증명한다.

브라운 장군 :

만약 소련 대표단장이 미국 대표단장에게 2 더하기 2는 5라고 계속해서 말한다면 결국 믿게 될지도 모르겠지만, 그러한 정신상태를 갖게 되기 위해선 어느 정도 시간이 걸릴 것이다. 소련 대표단이 7월 10일에 제시한 명단에는 남한에서 가장 중요한 정당 중 하나이자, 우리 '좌파' 동무들이 가장 싫어하는 소위 한민당을 포함해 총 회원수가 1,526만 명에 달하는 우익 정당 24개가 제외되어 있다. 미국 대표단장은 소련 대표단장이 남한의 특정 정치인들의 의견을 너무 있는 그대로 받아들인다고 생각한다.

쉬띄코프 장군 :

소련 대표단은 제출한 명단에 한민당을 포함한 몇몇 우익 정당과 단체들을 제외했는데, 이는 이들이 반탁위원회의 구성 정당이었기 때문이다. 이는 미국 대표단도 잘 알고 있을 것이다. 이들은 우익 정당이기 때문이 아니라 위와 같은 이유로 포함되지 않은 것이다. 그리고 한민당은 한국인 대다수를 대표하지 못하기 때문에 이 정당이 지도적인 정당인지 아닌지 아직 결정되지 않은 사항이다. 지도적인 정당은 한국인 대다수를 대표할 때에만 인정될 수 있다.

특정 지도자들의 권고를 있는 그대로 수용한다는 것에 대해서는, 나는 무엇보다도 모스크바 결정과 외무장관들 사이의 합의, 그리고 공동위원회의 권고를 따른다.

브라운 장군 :

소련 대표단장은 또다시 2 더하기 2는 5라고 이야기하고 있다. 그가 제외한 24개의 정당 가운데 오직 9개만이 반탁위원회에 속해 있다.

쉬띄코프 장군 :

소련 대표단은 명단에 대해 더욱 정확한 정의를 내리자고 했다. 왜 미국 대표단은 거부하는가?

브라운 장군 :

미국 대표단은 협의를 위해 신청서를 제출했고 선언에 서명함으로써 협의 자격을 충족한 특정 정당들을 준비된 명단에서 이유 없이 제외하기 때문에 그 제안을 거절한 것이다.

쉬띄코프 장군 :

소련 대표단은 미국 대표단이 반탁위원회를 구성하는 정당과 단체를 보호하고 있다는 사실을 잘 알고 있다. 그러나 미국 대표단이 왜 모스크바 결정을 지지하지 않는지 모르겠다.

브라운 장군 :

한 가지만 더 말하겠다. 미국 대표단은 공정함을 믿는다. 미국 대표단은 합의된 내용의 이행을 믿으며, 그것이 우파이든 좌파이든 중도이든 혹은 반탁위원회 구성원이든 들개사냥꾼위원회 구성원이든 뭐든지 간에, 선언에 서명하고 협의를 위해 지원함으로써 미국 대표단이 서명한 합의에 따라 자격을 갖춘 모든 정당을 보호할 것이다.

쉬띄코프 장군 :

미국 대표단은 계속해서 존재하지 않는 정당들까지도 보호하려고 한다.

브라운 장군 :

그리고 만약 이 정당들 가운데 어디라도 그들의 합의를 어긴다면 미국 대표단은 두 장관이 합의한 내용에 따라 그들에게 이의를 제기할 것이지, 소련 대표단이 만든 새로운 규칙에 따라 이의를 제기하지 않을 것이다.

쉬띄코프 장군 :

소련 대표단은 반탁위원회가 존재하고 이들이 모스크바 결정에 반대하는 활동을 지속하고 있음을 사실들을 통해 입증했는데, 이는 장관들이 도달한 합의의 3항과 공존할 수 없다.

브라운 장군 :

만약 소련 대표단장이 공동위원회에서 그가 발언한 것을 증거로 여긴다면, 나는 그가 법정에 앉아 나를 살인죄로 재판하게 하고 싶지 않다.

쉬띄코프 장군 :

더 이상의 논쟁은 무의미하니 중단하는 것이 좋겠다. 대중들이 판단할 것이다.

브라운 장군 :

우리가 성명서를 발표해야 하는 이유가 바로 그것이다.

쉬띄코프 장군 :

나는 공동성명서 발표를 반대하지 않는다.

브라운 장군 :

미국 대표단은 우리가 준비한 것으로 발표할 것이다. 소련 대표단은 소련이 준비한 성명서를 발표하든지 하라.

쉬띄코프 장군 :

그건 소련 대표단이 알아서 할 일이다.

2. 공동위원회 구두 협의를 위한
　　　　　　　민주적 정당과 사회단체의 대표자 명단 승인

이 안건은 논의되지 않음.

3. 구두 협의 절차 승인

이 안건은 논의되지 않음.

4. 다음 회의 시간 결정

다음 회의 시간은 결정되지 않음.

이하 브라운 소장과 쉬띄코프 상장의 서명

28

미소공동위원회 제43차 회의록

KWUB-0108, NARA

회의록−43차 회의[*]

미소공동위원회 : 한국 서울, 덕수궁

1947년 7월 16일 13시 30분

참석자

미국 대표단 : 브라운 소장, 번스 씨, 존 웨컬링 준장, 오웬 존스 씨, 링컨 대령.

소련 대표단 : 쉬띄코프 상장(의장), 툰킨 일등 자문위원, 레베데프 소장, 발라사노프 이등 자문위원, 코르쿨렌코 대좌.

그 외 고문들과 기술전문가들도 참석함.

비서관

아브라멘코 대좌(소련)

에드워즈 중령(미국)

---

[*] 본 회의록 안은 소련 대표단장이 받아들일 수 없었던 것으로, 그의 승인을 받지 않았다.

의제

1. 공동위원회 협의에 참석할 민주적 정당과 사회단체 명단 승인

2. 공동위원회 구두 협의를 위한 민주적 정당과 사회단체 대표자 명단 승인

3. 구두 협의 절차 승인

4. 다음 회의 일자 선정

1. 공동위원회 협의에 참석할 민주적 정당과 사회단체 명단 합의

브라운 장군 :

공동위원회는 협의에 참석할 민주적 정당과 사회단체 명단 합의에 대한 논의를 재개한다. 소련 측은 이번에 제시하고자 하는 것이 있는가?

쉬띄코프 장군 :

7월 10일 제출한 제안 외에 다른 제안은 없다. 이 제안에 대한 미국 측 답변이 아직 없었기 때문이다.

브라운 장군 :

7월 14일, '공동 결의 제__호'라는 제목의 제안을 소련 측이 제시하였고, 그 내용은 다음과 같았다. "상호합의를 통해 어떠한 정당이 명단에 포함되어야 할지 결정하기 위해 번스와 툰킨의 제1분과위원회가 지원 정당의 전체 명단을 검토하고, 다양한 정당과 단체와 관련해 양측 대

표단이 반대 의사를 표명한 모든 사항들을 재고하도록 지시한다." 이에 미국 대표단은 "에 포함되어야 할지included in"라는 문구를 "으로부터 제외되어야 할지excluded from"로 바꾸고 [위의 수정을 반영하여 제출된 결의문을 승인할 것을]* 제안한다.

쉬띄코프 장군 :

소련 대표단은 제1분과위원회의 명단 작성 작업 시작을 위해 그 제안을 제출한 것이다. 실제로는 명단은 없다. 미국 대표단이 남한의 정당과 단체에 관해 제출한 명단만이 있을 뿐이고, 소련 대표단이 북한의 정당과 단체에 관해 제출한 명단만이 있을 뿐이다. 우리에게 필요한 것은 공동위원회가 작성한 단일한 명단이다. 따라서 나는 소련 대표단의 제안이 7월 14일 공동위원회 회의에서 미국 대표단에 제출된 것과 같은 형식으로 받아들여지길 제안한다.

브라운 장군 :

미국 대표단은 소련 측이 북한에서 제시한 명단과 미국 측이 남한에서 제시한 명단 모두를 우리가 받아들이고, 어떤 정당과 단체가 이 명단들로부터 제외되어야 하며 그 이유는 무엇인지에 관한 상호합의를 도출하기 위해 두 명단을 제1분과위원회에 회부할 것을 제안한다.

---

* 소련의 문서에는 생략되어 있음.

쉬띠코프 장군 :

소련 대표단은 어느 정당과 단체가 상호합의에 따른 일반적인 명단에 포함되는지 결정하고 이 명단을 공동위원회가 숙고하도록 하기 위해서 제1공동위원회가 미국 대표단이 제출한 남한의 민주적 정당과 사회단체들의 명단과 소련 대표단이 제출한 북한의 민주적 정당과 사회단체들의 명단을 검토하기 시작해야 한다는 것에 동의한다. 소련 대표단은 공동위원회 회의에서 양측의 이견을 검토하는 데 동의할 것이다. 이견은 공동위원회 회의에서 최종 결정(협의에 포함되거나 제외될 정당과 단체를 결정하는)이 승인되도록 하기 위해 정당과 단체를 다루는 제1분과위원회 회의에서 제기될 것으로 보인다.

브라운 장군 :

소련 대표단은 공동위원회와의 협의 자격을 가진 정당과 단체의 명단이 존재한다는 사실을 잘 알 것이다. 소련 측이 북한의 명단을 작성했고 미국이 남한의 명단을 작성했다는 사실이 소련의 명단이나 미국의 명단을 만든 것이 아니다. 이 사실은 공동위원회가 필수적인 작업을 수행하는 데 사용한 수단이었을 뿐이다. 2개의 명단(소련 대표단의 북한 명단과 미국 대표단의 남한 명단)이 합쳐진다면 사실상 공동위원회 명단이 구성되고, 장관들의 합의에 따라 공동위원회와의 협의 자격을 얻게 된다. 미국 대표단은 제1분과위원회가 새로운 명단을 만들어야 한다는 점에 동의할 수 없다. 미국 대표단은 제1분과위원회가 공동위원회를 위해 준비된 명단을 검토하고, 제1분과위원회 양측 대표의 의견에 따라 명단에서 제외되어야 할 정당과 단체에 대한 적절한 의견을 제출한다는 점에 대해서만 동의할 수 있다. 따라서 미국 대표단은 소련 측이 7월 14일 제출한 결의문의 문구 중 "에 포함되어야 할지"를 "으로부터 제외되어야 할지"로 수정하는 데 동의하지 않는다면, 그 결의문의 제안을 받아들일 수 없다.

쉬띄코프 장군 :

일반적인 명단은 공동위원회가 편집하고 승인할 때에만 공식적인 것으로 간주될 것이다. 민주적 정당 및 사회단체와 공동위원회의 구두 협의는 그러한 명단에 근거하여 진행될 것이다.

브라운 장군 :

소련 대표단이 제1분과위원회가 작업에 착수할 수 있는 합리적 원칙에 동의할 수 없다는 것이 분명해졌다. 이에 따라 제1분과위원회에 할당된 업무를 공동위원회가 맡아야 할 필요가 생긴다. 그렇게 되면 더 많은 시간이 소요될 것이고, 미국 대표단은 이제 마지못해 그 과업에 착수할 것이다.

쉬띄코프 장군 :

소련 대표단은 우리(공동위원회의 구성원들)가 해결해야 할 문제는 이미 많다고 생각한다. 그러므로 소련 대표단은 그 업무를 제1분과위원회가 시작해야 한다고 재차 강조한다. 제1분과위원회에서 상호합의에 이르지 못한 문제들은 공동위원회에 회부될 것이다.

브라운 장군 :

미국 대표단장은 소련 대표단이 7월 11일에 제출한 것으로 보이는 일자 미상의 문서를 가지고 있다. 이 문서에는 소련 대표단이 첫 구두 협의를 실시하고자 원하는 회원수 10,000명 이상의 정당과 단체 명단이 포함되어 있다. 이를 검토해본 결과 소련 대표단이 두 장관의 합의에 따라 공동위원회와의 구두 협의를 요청하고 그 자격을 갖춘 24개의 정당과 단체들을 포함시키지 않았다는 것이 드러났다. 이 정당과 단체들의 이름은 협의 자격을 갖춘 조직들의 명단인 공동위원회 명단에 포함되어 있다. 미국 대표단장이 묻고 싶은 것은, 공동위원회가 소련 측에서 제출한 10,000명 이상의 조직 명단을 소련 측이 협의하기 원하는 정당과 사회단체들에 대한 공식적인 입장으로 간주해도 되는가이다. 만약 아니라면, 소련 대표단이 명단에서 추가하거나 삭제하기 원하는 것은 무엇인가? 언제쯤 미국 대표단이 그 추가 혹은 삭제 사항에 대해 정확히 알 수 있는가?

쉬띄코프 장군 :

소련 대표단은 이 명단에 5개 항목으로 구성된 제안을 덧붙였다. 이 항목들은 소련 대표단이 제출한 명단과 명단에 포함되지 않은 정당 및 단체와 관련하여 제1분과위원회가 무엇을 해야 하는지 알려준다. 따라서 제1분과위원회가 업무를 시작할 근거를 마련한 것이다.

브라운 장군 :

소련 대표단이 제출한 명단을 검토해보니 두 장관 사이의 합의에 따라 협의에 참여할 자격을 갖추고 초기 명단에도 포함되어 있던 특정 정당과 단체들이 소련의 명단에서 삭제되었다는 점이 눈에 띄었다. 미국 대표단은 소련 대표단이 왜 이 정당과 단체들을 삭제시켰는지 묻고 싶다. 삭제된 정당 중 하나는 공동위원회 명단 356번에 속해있는 '조선부녀총동맹'이다. 이곳의 회원수는 452만 5,150명이다. 미국 대표단은 소련 대표단이 이 정당을 왜 삭제했는지 알고 싶다.

쉬띠코프 장군 :

반모스크바결정위원회(반탁위원회) 회원이기 때문이다. 단지 이 이유로 소련이 제출한 명단에 포함되지 않았다. 만약 이것이 사실과 다르다면 그리고 미국 대표단이 다른 자료를 가지고 있다면, 삭제된 모든 정당과 단체들은 제1분과위원회에서 조사되어야 할 것이다.

브라운 장군 :

413번의 '독립촉성애국부인단'은 왜 삭제된 것인가?

쉬띠코프 장군 :

같은 이유에서이다.

브라운 장군 :

37번의 '대한청년단'은 왜 삭제된 것인가?

쉬띄코프 장군 :

대한청년당? 역시 같은 이유다.

브라운 장군 :

412번의 '천도교민족애국당'은 왜 삭제된 것인가?

쉬띄코프 장군 :

7월 10일 회의에서 소련 대표단이 제출한 명단에는 반탁위원회 구성 정당과 단체들을 제외하고 10,000명 이상의 구성원이 있는 모든 민주적 정당과 단체들이 포함되었다.

브라운 장군 :

지금의 발언은 틀렸다. 미국 대표단이 알고 있는 바에 따르면 '천도교민족애국당'은 반탁위원회에 가입되어 있지도 않고, 가입한 적도 없다.

쉬띄코프 장군 :

바로 이것이 제1분과위원회가 정당이나 단체에 대한 반대 의견을 논의하기 위해 작업을 시작해야 할 필요성을 보여준다. 소련 대표단이 과거에 제안했었고, 지금도 제안하고 있는 것은 제1분과위원회가 작업을 시작해야 한다는 점이다. 그렇게 된다면 우리의 시간을 80~90%까지 절약할 수 있을 것이다.

브라운 장군 :

소련 대표단은 공동위원회의 업무를 2주 동안 불필요하게 지연시켰고, 소련 대표단장은 미국 대표단장의 질문에 답변하지 않고 있다. 미국 대표단장은 질문할 것인데, 그에 대한 답변을 요청한다. 소련 대표단이 제시한 명단에서 왜 장관들의 합의에 따라 협의 자격을 갖춘 412번 정당 '천도교민족애국당'이 삭제되었는가?

쉬띄코프 장군 :

소련 대표단이 보유한 자료에 따르면 이 정당이 반탁위원회 회원이기 때문이라고 이미 답변했다.

공동위원회의 작업이 지연된 문제와 관해서는, 소련 대표단은 비난을 받아들일 수 없다. 소련 대표단은 1947년 7월 7일이라는 확정된 일자에 미소 양측 대표단이 모두 반대하지 않는 민주적 정당과 사회단체들과 공동위원회의 협의를 시작할 것을 계속해서 제안해왔기 때문이다. 제안을 거절한 것은 미국 대표단이었다. 따라서 공동위원회 작업을 지연시키는 것은 소련 대표단이 아니라 미국 대표단이다.

브라운 장군 :

357번의 '조선자주노동자연맹'은 왜 소련 대표단의 명단에서 삭제되었는가?

쉬띄코프 장군 :

7월 10일 공동위원회 회의 때 소련 대표단이 제출한 명단에서

10,000명 이상의 구성원을 가진 특정 정당과 단체들이 삭제된 유일한 이유는 이들이 반모스크바결정위원회(반탁위원회) 회원이기 때문이라고 이미 강조한 바 있다. 게다가 이 정당의 경우에는 회원수가 의심스럽기 때문에 추가적인 조사가 필요하다. 한국에는 노동자가 그렇게 많지 않음에도 불구하고 위 정당은 회원수가 100만 1,700명이라고 주장하고 있다. 이는 명백한 허위이다.

브라운 장군 :

271번의 '근로인민당'이 명단에서 삭제된 이유는 무엇인가?

쉬띠코프 장군 :

근로인민당? 번역에 오류가 있었다. 이 조직의 회원수는 8,000명이라고 알려져 있었는데, 번역과 명단을 검토한 결과 실제 회원수가 22만 520명이라는 것이 확인되었다. 소련 대표단은 미국 대표단에게 수정안을 제출했다. 이 정당은 5쪽에 기록되어 있다.

브라운 장군 :

그렇다면 이 정당의 정치적 성향과 처음의 생략은 아무 관련이 없다는 것인가?

쉬띠코프 장군 :

정치적 신념은 삭제와 아무런 관련이 없다. 오류였다는 사실을 보여주는 명단이 여기에 있다.

브라운 장군 :

389번의 '건국청년회'는 왜 삭제되었는가?

쉬띄코프 장군 :

정당이나 단체가 반탁위원회에 포함되어 있다는 단 한 가지 이유에서이다. 다른 삭제 이유는 없다.

브라운 장군 :

354번의 '한민당'은 왜 삭제되었는가?

쉬띄코프 장군 :

나는 이미 소련 대표단이 제출한 명단에는 반탁위원회의 회원인 정당과 단체들이 포함되지 않았다고 분명하게 설명했다.

브라운 장군 :

326번의 '건민회'는 왜 삭제되었는가?

쉬띄코프 장군 :

명백하게도 같은 이유에서이다.

브라운 장군 :

371번의 '조선군사협회'는 왜 삭제되었는가?

쉬띄코프 장군 :

소련 대표단은 제1분과위원회가 이 명단을 검토하도록 지시하자고 제안했었다. 그 외 다른 어떤 답도 하지 않겠다. 제1분과위원회가 명단을 검토하여 공동위원회에 의견을 제출하도록 하고, 그다음에 공동위원회가 이 의견에 따라 명단에 포함하거나 삭제할 정당과 단체들을 결정하도록 하자.

브라운 장군 :

미국 대표단장은 다시 한번 질문하겠다. 371번의 '조선군사협회'는 왜 삭제되었는가?

쉬띄코프 장군 :

나는 시간 절약을 위해 미국 대표단장에게 제1분과위원회의 업무를 개시할 의지가 있는지 묻고 싶다. 위원회 구성원들은 제1분과위원회가 결정해야 하는 문제들 외에도 할 일이 많다.

소련 대표단은 이 문제에 관한 제안들을 제출했으며 이제 이 제안이 논의되어야 한다는 점을 강조하는 바이다. 브라운 장군은 7월 10일 회의에서 무시하는 태도로 소련의 제안을 거절했다. 이건 오히려 요령이 없는 것이었다. 나는 답변을 요구하는 바이다. 미국 대표단은 소련이 제출한 제안의 초안을 논의할 의사가 있는가? 그리고 제1분과위원회의 작업을 시작하는 것에 동의하는가?

브라운 장군 :

미국 대표단은 이 질문에 대한 대답을 반드시 받아야 한다고 생각한다. 미국 대표단장은 371번의 '조선군사협회'가 왜 삭제되었는지 다시 한번 묻는다.

쉬띠코프 장군 :

소련 대표단은 우리가 제출한 제안이 미국 대표단으로부터 요령 없게 무시당할 수 없는 것으로 생각하는 것뿐만 아니라, 공동위원회 회의에서 다뤄질 것으로도 생각할 근거와 권리가 있다.

브라운 장군 :

지난 세 번의 회의와 12시간은 소련의 제안을 논의하는데 할애되었고, 미국 대표단은 소련 대표단에 그 제안들이 왜 받아들여질 수 없는지 상세하게 설명했다. 미국 대표단장은 다시 한번 질문에 대한 답을 요구한다. 371번의 '조선군사협회'는 왜 삭제되었는가?

쉬띠코프 장군 :

정당과 단체의 명단을 포함한 소련의 제안은 7월 10일 회의 말미에 공동위원회의 고려사항으로 제시되었다. 지난 세 번의 회의에서의 이 제안이 논의되었다는 부분과 관련해서 브라운 장군은 뭔가 잘못 기억하고 있다. 7월 10일 이후로 우리는 7월 14일에 한 번의 회의밖에 하지 않았다. 회의록이 보여주듯, 그 회의에서는 공동성명서 문제만 논의되었고, 다른 주제들은 논의되지 않았다. 사실과 다른 발언은 자제되어야

한다. 심지어 오늘조차도 소련이 제출한 제안은 미국 대표단의 논의 대
상으로 고려되고 있지 않다. 이유가 무엇인지 묻고 싶다.

브라운 장군 :

미국 대표단장은 유감스럽게도 1947년 5월 28일 제1분과위원회 회
의에서의 특정 문구를 소련 대표단에 숙지시키기 위해 화제를 돌려야
할 것 같다. 번스는 툰킨에게 "한 개인이 자신의 견해와 그 견해의 표출
때문에 제외되어야 한다고 생각하는가?"라고 질문했다. 이에 툰킨은
"질문이 잘못되었다. 당신은 두 가지 문제점을 혼동하고 있다. 첫째는
의견의 자유와 협의를 위한 자격, 두 번째는 협의 승인이다. 만약 한 정
당이 모스크바 결정에 격렬히 반대하고 모든 한국인에게 이를 반대할
것을 선동한다면 이는 '적극적인 반대'에 해당한다고 생각한다. 개인적
인 의견이나 의견표출은 적극적인 반대가 아니고, 공적으로 표현되는
의견이 적극적인 반대이다. 그들은 원하는 대로 의견을 표현할 수 있지
만, 그들이 반대하는 것이 모스크바 결정의 어느 한 부분이라도 해당된
다면 우리는 그들과 협의하지 않을 것이다. 우리는 모스크바 결정을 반
대하는 이들이 아니라 그것을 실현하는 데 참여하는 이들과 협의하길
원하기 때문이다." 이는 툰킨이 소련을 대표하여 발언한 것이다. 우리
가 제안하는 바는 이렇다.

① 공동위원회와의 협의를 원하는 정당과 단체들은 공동성명서 5호
에 포함된 선언에 조건 없이 서명해야 한다.

② 실현 가능하다면 공동위원회는 제한된 수의 협의할 정당과 단체
를 선택해야 한다.

이것이 우리 제안의 요점이다. 소련 대표단장이 지금 언급하는 사항은 5월 28일부터 지속적으로 논의되었다. 툰킨과 소련 대표단은 툰킨이 5월 28일에 말한 '옹호될 수 없는 입장', 즉 소련 대표단이 인정한 두 장관의 합의에 반하고, 소련 대표단이 동의한 공동위원회 결의안 12호에도 반하는 입장을 철회했다. 미국 대표단은 소련 대표단이 이에 동의하고 소련 대표단장이 그 결정에 서명했을 때, 양측 장관이 공동위원회에 부과한 업무에 진척이 있을 것으로 생각했다. 하지만 우리는 지금 7월 10일에 소련이 제출한 명단에 대해 논의하고 있다. 미국 대표단이 소련 대표단의 입장을 정확히 위해서는 그 명단의 제출이 가져온 질문들에 대한 답을 듣는 것은 필수적이다. 게다가 1947년 7월 10일의 제41차 공동위원회 회의록을 보면, 미국 대표단장은 소련 대표단장이 제출한 명단과 제안을 보고 나서 이렇게 발언했다. 회의록 22쪽에서 인용하겠다.

미국 대표단장은 소련 대표단장이 제출한 그 문서를 단순히 분석 외에는 그 어떤 목적이 없는 정보로 받아들이겠다. 미국 대표단은 소련 대표단이 제출한 그 제안들을 관심을 가지고 검토할 것이다. 그리고 만약 이 제안이 미국 대표단이 방금 읽은 원칙들에 부합하도록 작성되었다면, 미국 대표단장은 번스에게 툰킨을 만나 제1분과위원회의 회의를 준비하라고 요청할 것이다.

여기까지가 인용문이다. 소련의 제안은 미국의 제안과 합치되는 데 실패했을 뿐만 아니라, 오히려 소련 대표단은 1947년 5월 28일 제1분과위원회에서 툰킨 씨가 발언한 입장으로 되돌아갔다.

쉬띄코프 장군 :

소련 대표단은 이전의 문서와 기록을 검토해보는 것이 유용할 것으로 생각한다. 소련 대표단은 공동위원회 결의안 12호 작업 당시의 논의에서 소련 측이 제1분과위원회에 제시한 제안을 잘 기억하고 있다.

툰킨의 발언은 모스크바 결정이나 두 장관 사이의 합의와 아무런 모순점이 없다.

소련 대표단은 모스크바 결정에 반대 투쟁을 했던 정당과 단체들을 처벌하는 것을 위한 적이 없고 현재도 원하지 않는다고 말해왔다. 소련 대표단은 반모스크바결정위원회(반탁위원회)에 속한 정당과 단체들이 협의 명단에 포함되지 않아야 한다는 제안을 제1공동위원회와 공동위원회 회의에 제출했다. 7월 10일 공동위원회 회의에서 반모스크바결정위원회(반탁위원회)를 구성하는 정당과 단체들은 공동위원회가 업무를 재개했을 때조차 활동을 계속했으며 아마도 이 위원회의 마지막 회의가 6월 19일에 열렸을 것이라는 사전트 씨의 발언을 양측 대표단 모두가 알고 있을 것이다.

문제는 소련 대표단이 반탁위원회의 회원인 정당과 단체를 명단에 포함하는 것에 대해 반대할 권리를 가졌는지 여부이다. 한국 언론이 보여주듯, 이 정당들이 지금까지도 모스크바 결정과 공동위원회에 대한 반대 투쟁을 한다는 점은 소련 대표단이 옳았다. 소련 대표단은 모스크바 결정에 대한 그들의 의견 표현을 막을 권한이 없다. 이건 그들의 문제이다. 그러나 소련 대표단은 모스크바 결정의 실현과 관련해서, 모스크바 결정과 공동위원회에 대한 반대를 그만둘 때까지 이들과 협의하길 원치 않는다. 소련 대표단의 입장은 외무장관들의 합의문 1항, 3항과 정확히 일치한다.

브라운 장군 :

미국 대표단장은 371번의 '조선군사협회'가 소련의 명단에서 왜 삭제되었는지 묻겠다.

쉬띠코프 장군 :

이 문제에 대해서는 이미 충분히 답변했다.

브라운 장군 :

그렇다면 미국 대표단은 이 정당이 반탁위원회의 회원이기 때문에 삭제되었다고 생각해도 되겠는가?

쉬띠코프 장군 :

이미 대답했다.

브라운 장군 :

소련 대표단의 명단에서 생략된 정당과 단체가 여전히 16개 남아있다. 미국 대표단의 정보에 따르면 이 정당과 단체들 16개 중 2개만이 반탁위원회 회원이다. 소련 대표단장은 생략된 모든 정당과 단체가 반탁위원회 회원이기 때문에 생략되었다고 설명했다. 미국 대표단은 이 답변이 틀렸기 때문에 이해가 되지 않는다. 미국 대표단은 소련 대표단장에게 생략된 각 정당과 단체들의 생략 이유를 설명해주길 재차 요청한다.

쉬띠코프 장군 :

소련 대표단은 아래의 5가지 항목으로 구성된 공동위원회 결의안 초안을 이 명단에 덧붙였다. 미국 대표단이 이 초안을 면밀하게 검토하지 않았다는 점을 고려하여, 어느 정당과 단체가 명단에 포함되거나 포함되지 않았는지 명확히 하기 위해 초안을 다시 한번 읽도록 하겠다.

소련 대표단에 의해 제출된 결의문 초안은 다음과 같다.

1. 공동위원회와의 협의를 위해 10,000명 이상의 회원을 보유했다고 주장하는 남북한 정당과 단체의 명단 검토를 제1분과위원회에게 지시한다.

2. 1항의 명단에 포함된 단체 중 어느 단체가 비사회적인지를 결정하고, 언급된 명단으로부터 이러한 단체들의 제외와 관련해 상호합의된 제안을 공동위원회에 제출할 것을 제1분과위원회에게 지시한다.

3. 1항의 명단에 포함된 이러한 정당과 단체의 실재 여부를 검증하고, 실재 여부와 회원수에 의혹이 있는 정당과 단체의 회원수를 검증할 것을 제1분과위원회에 지시한다. 제1분과위원회는 실재하지 않는 단체들을 명단에서 제외하는 문제와 관련해서, 만약 잘못된 회원수 자료를 제출한 단체가 명단에서 발견된다면 이에 대한 의견을 공동위원회에 제출할 것이다.

4. 협의 참여 승인의 가능성에 관하여, 제1분과위원회에 반탁위원회를 구성하는 정당과 단체가 반탁위원회로부터 탈퇴하고 모스크바 결정과 공동위원회에 대한 투쟁을 멈춘다면 공동위원회와의 협의를 승인받을 수 있음을 알리는 제안서를 공동위원회에 제출하도록 지시한다.

5. 10,000명 미만의 정당과 단체는 명단에 포함하지 않는다. 제안을

실행하기 위해 해당 분과위원회는 이러한 정당과 단체가 제출한 설문지의 답변을 검토할 것이다. 명단에 포함된 정당과 단체와의 협의가 끝난 후, 공동위원회는 협의에 참여하기 위해 신청서를 제출했고 명단에 포함되지 않은 정당과 단체들에게 만약 제출한 설문지에 적은 것 외에 추가로 주장할 것이 있다면 구두 협의를 위해 그들의 대표를 파견하라고 발표할 것이다.

소련 대표단의 제안은 명단과 관련해서 무엇을 해야 하고 제1분과위원회의 업무를 어떻게 잘 조직하는지에 대한 전체적인 답이 된다.

브라운 장군 :

미국 대표단은 다음의 수정을 한 후 소련 대표단의 제안을 받아들일 것이다.

1항, "공동위원회와의 협의를 위해 10,000명 이상의 회원을 보유했다고 발표한 남북한 모든 정당과 단체의 공동위원회 명단을 연구할 것을 제1분과위원회에게 지시한다"로 바꾼다.

3항 마지막 절, "잘못된 회원수 자료를 제출한 단체가"를 삭제한다.

4항은 모두 삭제한다.

6항을 추가한다. "만약 합의에 도달하지 못한다면, 제1분과위원회에서 도달한 합의, 또는 제1분과위원회에서 제시된 각 대표단의 관점을 최종 결정을 위해 공동위원회에 제시한다"라는 문구를 추가한다.

쉬띄코프 장군 :

소련 대표단은 미국 대표단이 제시한 수정 사항을 받아들일 수 없다.

브라운 장군 :

양 대표단이 최초의 구두 협의를 시작할 기초적인 사항에 대한 합의에 이를 수 없다는 것이 명백해 보인다. 미국 대표단은 소련 대표단도 장관들의 합의에 따라 양국 정부가 공동위원회에 부여한 업무를 성공적으로 완수하고자 한다고 여긴다. 미국 대표단은 양국 장관들의 합의에 있어 어떠한 합리적인 해석과도 너무 동떨어져 있고, 소련 대표단도 동의한 바 있으며 소련 대표단장이 서명한 공동위원회 결의안 12호와도 동떨어진 소련 대표단의 입장을 이해할 수 없다.

그러므로 이러한 불일치에 관한 몇몇 기본적인 요소들을 더 탐구할 필요가 있다. 이 문제의 근본적인 사항은 협의에 참여하는 한국인들의 의사 표현의 자유 문제이다. 소련 대표단은 선언문에 서명하기 앞서 정당과 단체가 한 행동이나 발언이 용서되고 잊혀야 한다는 입장을 재확인하겠는가?

쉬띄코프 장군 :

답변하겠다. 소련 대표단은 공동위원회가 합의에 도달할 수 없다는 점에 대해서는 의심의 여지가 없다. 소련 대표단은 모스크바 결정과 양측 외무장관의 합의에서 결코 벗어나지 않았고, 앞으로도 그러할 것이다. 미국 대표단도 알고 있듯이 소련 대표단은 어떠한 초안을 작성하든지 간에 그 결의의 모든 항목에 담긴 관점을 항상 유지해왔다. 하지만 양 대표단이 결의에 이르고 서명한다면 소련 대표단은 계속해서 이 결의를 지침으로 삼고 이를 정확히 이행할 것이다.

브라운 장군 :

지금까지의 회의록을 보면 그렇지 않다. 미국 대표단장은 우리가 일반론을 논하며 더 이상 시간 낭비를 하기보다는 결론을 이끌어낼 공동 합의에 이르기 위하여 공동위원회에서 양 대표단의 견해 차이를 야기한 기본적인 사항들을 논의하기를 제안한다.

쉬띄코프 장군 :

나 또한 이를 논의하는 것에 동의한다.

브라운 장군 :

나는 소련 대표단장에게 이 문제와 관련된 소련 측의 입장을 다시 한번 설명해줄 것을 요청한다. 소련 대표단은 선언 서명에 앞서 정당과 단체가 행하거나 발언한 사항들에 관해 면책이 제공되어야 한다는 입장을 고수하는가?

쉬띄코프 장군 :

그에 대한 세부적인 입장은 7월 8일 회의에서 확인시켜준 바 있다. 굳이 그 회의의 발언을 다시 읽을 필요가 있는가?

브라운 장군 :

이 질문에 대해 간단한 답변을 요구한다.

쉬띄코프 장군 :

다시 말하지만, 소련 대표단은 이 문제에 대한 의견을 1947년 7월 8일 공동위원회 회의에서 밝힌 바 있다. 같은 회의에서 소련 대표단의 선언문이 미국 대표단에 전달되었다. 그 선언문에는 "소련 대표단은 정당과 사회단체 명단에 모스크바 결정 반대 투쟁을 목적으로 만들어진 정당들이나 단체들이 포함되어서는 안 된다고 주장한다. 이러한 정당들과 조직들이 서명한 선언은 이들이 주창한 목적이 모스크바 결정을 전적으로 지지한다는 의무와는 양립할 수 없기에 모스크바 결정을 전적으로 지지한다는 선의의 표출로 볼 수 없다"는 내용이 포함되어 있다.

소련 대표단은 반탁위원회가 모스크바 결정에 저항하기 위해 만들어졌으며, 과거에도 그리고 지금도 적극적으로 투쟁하고 있다고 보고 있다.

한국의 민주적 정당과 사회단체와 공동위원회의 협의를 지시하는 공동위원회 결의안을 1947년 6월 12일에 언론에 발표했을 때 반탁위원회는 계속해서 모스크바 결정과 공동위원회에 저항했고, 결국 이러한 저항을 더욱 강화시켰다. 그리고 선언문은 반탁위원회 활동의 예시들을 언급하고 있으며, 반탁위원회와 제휴한 정당들의 모스크바 결정 반대 투쟁에 대해서도 언급하고 있다.

이 선언문에는 "(…전략…) 미국 대표단은 반탁위원회와 연루된 정당 및 사회단체가 선언에 서명했다고 해서 그들이 한국에 관한 모스크바 결정을 전적으로 지지해야 할 의무를 수용했다고 보는 견해에 대해서는 동의할 수 없다"라고 나와 있다. 그러는 동안, 이 위원회의 회원으로 계속 남아있으면서 그 정당과 사회단체들은 반탁위원회의 프로그램에 따라 그들의 서명을 받아냈다. 그 프로그램에는 모스크바 결정에 반대하고 [계속해서 그러한 투쟁에 참여하라는]* 임무가 포함되어 있다. 이 둘은 양립할 수 없다.

그러므로 소련 대표단은 선언에 서명했으나 반탁위원회와 관련된 정당과 사회단체는 위원회에서 탈퇴하고 모스크바 결정에 대한 반대 투쟁을 멈춘다는 조건 아래에서만 협의 자격을 허락할 수 있다고 생각한다.

이것이 소련 대표단의 입장이다.

미국 대표단은 모스크바 결정과 신탁통치에 반대하고 투쟁하기 위해 존재하는 정당과 단체가 [공동성명서 5호에 포함된 선언에 서명했다고 해서]** 공동위원회의 입장과 현재까지도 양립할 수 있다고 생각하는가? 이러한 정당과 단체들은 모스크바 결정과 공동위원회에 적대적이지 않은가?

브라운 장군 :

미국 대표단장은 사실에 기인하지 않는 가정에서 비롯된 질문에는 답할 수 없다. 내일 미국 측 입장에 대한 전체적인 답변을 내놓을 것이다. 미국 대표단장은 질문을 했지만, 소련 대표단장은 대답하기를 거부했다. 따라서 미국 대표단장이 대신 답변해야 하는 상황이다. 오해의 여지를 없애기 위해 다시 한번 질문할 필요가 있다. 소련 대표단은 선언에 서명하기 전에 정당과 단체가 행했거나 발언한 사항들에 면책을 제공해야 한다는 입장을 재확인할 수 있는가? 소련 대표단은 대표단장을 통

---

*   소련의 문서에는 생략되어 있음.
**   소련의 문서에는 생략되어 있음.

해 수차례 그 질문에 대답했고 그 대답은 '그렇다'라고 기록되어 있다. 그 대답에 근거하여 미국 대표단은 반탁위원회나 그 회원들이 협의 지원서에 서명한 이후로 반대를 선동한다는 증거가 부재한 상황에서 소련 대표단이 이들을 어떻게 제외할 수 있는지 묻겠다. 소련 대표단은 심지어 이들 정당과 단체들이 협의 지원서에 서명한 것이 언제인지조차 보여주려고 시도하지 않았다. 확실한 정보를 제공하기 위해 미국 대표단장은 그들에게 다음과 같이 알려줄 것이다. 소련 대표단장은 방금 읽은 회의록 5~6쪽에서 6월 18일부터 23일까지 반탁위원회의 특정 협의를 주장한다. 그는 공동위원회의 명단에서 24개의 단체를 쳐냈다. 이 24개 단체 중에서 9개는 사실상 반탁위원회 회원이지만 15개는 아니다. 반탁위원회 회원인 9개 단체 중 8개는 6월 23일 시위 이후에 협의에 대한 신청서를 서명, 제출했다. 소련 대표단장은 옳지도 않은 가정에 근거하여 거칠고 우스꽝스러운 성명을 내고 있으며 공동위원회의 업무를 지연시키고 있다.

쉬띄코프 장군 :

나는 오직 한 가지 사실에 대해서만 긍정적이다. 일련의 반대시위에서 그들은 민중의 지지를 얻는 데 실패했다는 것이다. 그들은 시위를 조직하고 모스크바 결정에 대한 반대 투쟁을 하는 데 실패했기 때문에 협의를 위한 정당과 단체의 명단에 포함됨으로써 그들의 의사를 드러내고자 한 것이다. 이것이 내가 사실로서 지지하는 유일한 것이다.

알다시피 23일은 공동성명서 5호에 포함된 선언과 지원서에 서명하여 제출하는 마감일이었다. 분명 그들은 좋지 않은 의사를 지니고 있다.

따라서 그들이 진정으로 공동위원회를 지지한다면 모스크바 결정에 대한 반대로부터 입장을 철회한다는 사실을 공개적으로 선언해야 한다는 소련 측의 요구는 정당한 것이다. 한국인들은 정부를 원하고 있다. 이는 민중들의 희망이지 23일 소수 시위자들의 희망이 아니다.

브라운 장군 :

소련 대표단이 자신들의 정부를 갖기를 간절히 원하는 한국 민중들을 부정하고 있다는 의도로 보이기 시작한다.

쉬띠코프 장군 :

미국 대표단은 모스크바 결정의 이행이 좌절되기를 희망하는 것 같다. 6월 23일 시위에서 드러나듯, 그들은 한국 국민을 대표하지 않는다. 한국인들은 모스크바 결정에 의거한 임시정부를 지닐 권리가 있고 그래야만 한다. 미국 대표단이 이를 원하든 원하지 않든 정부는 세워져야 한다.

브라운 장군 :

한 가지 더 묻겠다. 소련 대표단은 모스크바 결정 3항에 의거하여 공동위원회와 협의할 때 정당과 단체의 대표자들이 신탁통치에 관한 그들의 생각을 자유롭게 표현할 수 있다고 생각하는가?

쉬띠코프 장군 :

우리가 지금 논의하고 있는 것은 3항이 아니라 2항에 대한 사항이며,

그것의 실현을 위해 작업하고 있다. 소련 대표단의 3항에 대한 견해는 그에 대한 논의로 넘어갔을 때 밝힐 것이다.

브라운 장군 :

그 말에는 동의한다. 그렇다면 이 시점에서 소련 대표단이 반탁위원회의 회원 정당들을 반대하는 이유는 무엇인가?

쉬띄코프 장군 :

그들이 모스크바 결정에 대한 반대 투쟁을 벌이고 있기 때문이다. 소련 대표단은 모스크바 결정을 항별로 나누지 않을 것이다. 소련 대표단은 첫 번째부터 마지막까지 하나의 통합된 결의문으로 다룰 것이다.

브라운 장군 :

그렇다면 왜 소련 대표단은 2단계에서 다룰 문제에 대해 사소한 관점을 가지고 있는 이들이 1단계에 참석하지 못하게 하는가?

쉬띄코프 장군 :

공동위원회의 전반적인 업무 중에서 소련 대표단은 모스크바3상회의 결정에 관하여 타협을 바라는 모든 이들로부터 그것을 보호해왔고 앞으로도 보호할 것이다. 소련 대표단은 모스크바 결정이 위대한 연합국의 결정이고 그들의 선의에 따라 채택되었으며, 한국인들이 임시 민주 정부를 세울 수 있도록 보장하고 연합국의 지원으로 한국이 역사상 가장 짧은 시간 안에 독립을 이루게 될 결정이라 믿는다.

이것이 소련 대표단이 모스크바 결정에 대항하여 반대 투쟁을 벌이는 이들과 대화하지 않으려는 이유이다. 하지만 미국 대표단은 내가 제기한 의문, 즉 미국 대표단은 공동선언서 5호에 포함된 선언에 정당과 단체들이 서명한 것이 그들이 벌이고 있는 반탁위원회 투쟁과 양립할 수 있다고 생각하는가? 하는 물음에 대답하지 않았다.

브라운 장군 :

"반대 투쟁struggle against"은 무엇을 의미하는가.

쉬띄코프 장군 :

소련 대표단장은 6월 23일 그것을 피부로 느꼈다. 그리고 그들은 날마다 그들의 언론에 모스크바 결정을 호도하는 여론을 싣고 있다. 나는 당신이 이 물음에 답하기를 요구한다.

브라운 장군 :

어린아이들이 자주 나의 차에 돌을 던진다. 그러나 나는 그것을 모스크바 결정에 대한 반대 투쟁으로 여기지 않는다.

쉬띄코프 장군 :

농담은 사양한다. 그들은 어린아이가 아니었다. 반탁위원회 대표들과 시위 가담 대표자들이 제시한 문서가 공동위원회에 있는데, 그 문서는 김구가 서명했다. 김구와 그의 동료들이 어린아이들이라면 나는 더이상 할 말이 없다.

브라운 장군 :

그 문서에 반탁위원회가 소련의 차에 돌을 던졌다고 나오는가?

쉬띄코프 장군 :

적절치 않은 질문이다. (미국 대표단의 속기록에서 가져옴)

브라운 장군 :

이는 상당히 적절한 질문이다. 소련 대표단장은 반탁위원회의 어떤 정당과 단체 회원이 그의 차에 돌을 던졌다고 할 만한 증거가 없다. 그의 발언은 그가 이 자리에서 우익 정당이 협의에 받아들여져서는 안 된다는 주장의 증거만큼이나 부족하다. 그는 미국 대표단에 완전히 날조된 증거는 아닐지라도 상당히 박약한 증거를 통해 어떤 정치적 광신도를 조잡하게 공격하고 있는 것처럼 보인다

다음은 소련 대표단의 필사본에 기록된 앞의 발언을 번역한 것이다.

브라운 장군 :

("나는 이 질문이 굉장히 적절하다고 본다. 소련 대표단은 반탁위원회의 회원인 정당과 단체의 누구도 소련 대표단의 차에 돌을 던졌다고 할 만한 증거가 없다.

비슷한 증거들이 우익 정당의 회원은 최초 협의에 참여할 수 없다는 점을 증명하기 위한 목적으로 제시되었다. 소련 대표단은 근거 없고 심지어 날조된 것일 수도 있는 증거를 고의적으로 선택한다.

미국 대표단에게는 소련 대표단이 근거 없거나 날조된 증거를 가지고 특정 정치적 성향을 지닌 회원들을 공격하고 있는 것으로 보인다.")

쉬띄코프 장군 :

소련 대표단은 공동위원회 작업을 하면서 결코 모스크바 결정을 우습게 만든 적이 없다. 왜냐하면 이 문서는 세 강대국이 권한을 위임한 대표들이 서명했기 때문이다. 그러므로 모스크바 결정과 공동위원회에 대항한 투쟁을 아이들의 농담 정도로 생각하는 것은 진중하지 못한 것이다.

6월 23일의 시위와 폭력행위와 관련하여, 진정 원했다면 미국 대표단은 그것을 제대로 조사할 수 있었다. [소련 대표단은 같은 날 그 시위에 대한 소송을 제기했고]* 증인은 미군들이었다.

나는 내가 브라운 장군에게 제출한 문서를 소련 대표단이 조작했다고 비난하는 것은 폭도들의 행동에 저항하는 우리의 행동을 부적절하고 적대적으로 묘사하는 것과 같다고 생각한다. 브라운 장군의 발언은 매우 모욕적인 발언이다. 그 말을 취소하지 않으면 나는 상부에 보고하고 오늘 적절한 지침을 요구할 것이다.

브라운 장군 :

소련 대표단장이 자신들에게 반탁위원회 회원이 돌을 던졌다는 증거를 제시하지 못했다고 지적한 것은 적대적인 행위도 모욕도 아니다. 한

---

* 소련의 문서에는 생략되어 있음.

국에서는 자신들과 입장이 다른 이들을 모함하기 위해 잘못된 사실을 전달하는 일은 드물지 않게 일어난다. 소련 대표단장이 어떤 한국인에게 반탁위원회 회원이 소련 차에 돌을 던졌다는 말을 들었다는 것은 가능성의 영역일 뿐이다. 소련 대표단장은 그 말이 사실이라는 증거를 제시하지 못했다. 미국 대표단장은 다시 한번 이 사실에 주목할 것을 요청한다. [그리고 반탁위원회에 대한 소련 대표단장의 비난에 미국 대표단이 현명하게 행동할만한 증거를 제시할 것을 촉구한다. 미국 대표단은 아직 그러한 증거를 얻지 못했다.]*

쉬띄코프 장군 :

필사본에는 돌을 던졌다는 사실이 조작되었다고 나와 있다.

나는 그 사실을 지적하며 항의서에 서명했고, 그에 관한 문서를 갖고 있다. 그 문서는 어떤 정당이나 단체에서 나온 게 아니라 소련 대표단의 일원인 공동위원회 위원 발라사노프, 소련 대표단 담당 비서인 아브라멘코 등의 인원들로부터 받은 문서이다.

그러므로 브라운 장군이 발언을 취소하지 않는다면 오늘 나는 상부에 보고하고 적절한 지침을 요청할 것이다.

브라운 장군 :

보아하니 소련 대표단장은 내가 말한 바를 이해하지 못한 듯하며, 여타 문제도 적절히 통역되지 않은 듯하다. 나는 소련 대표단의 차에 돌이

---

* 소련의 문서에는 생략되어 있음.

던져졌다는 말에 의문을 제기한 것이 아니다. 소련 대표단장이 그 돌이 반탁위원회의 회원들이 던졌는가를 입증하지 못했다는 것과 소련 대표단장이 어떤 사람들로부터 반탁위원회 회원들이 돌을 던졌다고 전해 들었을 수도 있다는 것을 말한 것이다. 그 정보는 정확하지 않을뿐더러 소련 대표단장은 한국인들에 의해 어떠한 목적으로 잘못된 정보를 받았을 수도 있다. 나는 나의 발언을 재차 정확히 언급하고 이것이 소련 대표단장에게 정확하게 통역되길 바란다. 나는 소련 대표단이나 대표단장을 모욕할 의사가 없었다. [나는 소련 대표단이 거짓을 말했다고 비난하는 것이 아니라 그들이 납득할 만한 증거를 제시하고 있지 않다고 말하는 것이다. 내가 말하고 싶은 것은 한국인들에 의해 '만들어진' 것이라는 점이다.]*

쉬띠코프 장군 :

소련 대표단은 브라운 장군이 말한 그대로 이해했다.

만약 브라운 장군이 자신의 발언에서 다른 뜻을 의도한 것이라면, 필사본을 수정하길 바란다. 왜냐하면 소련 대표단은 미국 대표단으로부터 모욕을 듣고 싶지 않기 때문이다.

내가 서명하여 미국 대표단장에게 전달한 문서에는 모스크바 결정과 신탁통치에 반대하는 위원회가 조직한 시위 참가자들이 소련 대표단에 보인 폭력적이고 도발적인 태도에 대한 우리의 항의가 담겨있는데, 이는 신뢰할만하다.

---

* 소련의 문서에는 생략되어 있음.

브라운 장군 :

미국 대표단장은 자신의 발언과 소련 대표단장의 발언을 정확하게 확인하기 위해 회의록을 검토하겠다.

2. 공동위원회 구두 협의를 위한
민주적 정당과 사회단체 대표자 명단 승인

이 안건은 논의되지 않음

3. 구두 협의 절차 승인

이 안건은 논의되지 않음

4. 다음 회의 일자 선정

7월 18일 13시 30분

앨버트 브라운
미 육군 소장
미국 대표단장

29

미소공동위원회 제44차 회의록

KWUB-0109, NARA

회의록-44차 회의

미소공동위원회 : 한국, 서울, 덕수궁

1947년 7월 18일 13시 30분

참석자

미국 대표단 : 브라운 소장, 번스 씨, 존 웨컬링 준장, 오웬 존스 씨, 링컨 대령.

소련 대표단 : 쉬띄코프 상장(의장), 툰킨 일등 자문위원, 레베데프 소장, 발라사노프 이등 자문위원, 코르쿨렌코 대좌.

고문과 기술전문가들도 참석함.

비서관

아브라멘코 대좌 (소련)

에드워즈 중령 (미국)

의제

1. 설문지 답변의 번역본 교환

2. 공동위원회 협의에 참석할 민주적 정당과 사회단체 명단 승인

3. 공동위원회 구두 협의를 위한 민주적 정당과 사회단체 대표자 명단 승인

4. 구두 협의 절차 승인

5. 다음 회의 일자 선정

1. 설문지 답변의 번역본 교환

이 의제를 논의하기에 앞서, 브라운 장군은 다음과 같이 말했다.

첫 번째로 논의될 것은 설문지에 대한 답변의 번역본 교환이다. 1947년 6월 11일 승인된 공동위원회 결의문 14호의 5항은 다음과 같다. "한국 정당들이 보낸 문서들의 러시아어, 영어 번역본 확보를 위해 러시아어와 영어 번역본 교환은 비서실에서 이루어져야 한다." 이 조항에 따라 68개의 영어 번역문이 소련 대표단의 비서관에게 전달되었다. 소련 측의 자료는 아직 미국 대표단에 전달되지 않았다. 이에 가능한 한 신속한 자료 전달을 요청한다.

쉬띄코프 장군 :

소련 대표단 비서장이 지금 막 알려준 정보에 따르면, 미국 대표단 비서관은 31개의 답안을 제출했다. 소련 비서관은 미국 비서실에 남한

의 민주적 정당들과 사회단체들의 질문지 10개의 번역본을 전달할 준비가 되어 있다. 이는 총 172개가 될 것이다. 소련 비서관은 민주적 정당과 기타 대규모 단체들의 답안을 번역했다. 우리는 남한에서 제출된 기타 답안들의 내용을 확인했고, 내용은 사실상 정확히 일치했으며 총 172개의 답안이었다. 오늘 우리는 동일한 답안을 제출한 정당과 단체들의 목록과 함께 번역본을 전달할 것이다.

북한지역의 민주적 정당과 단체가 제출한 답변 중 30개가 번역되었으며 그중 4개만이 타자로 인쇄되었는데, 오늘 제출하겠다. 나머지는 추후 제출하겠다.

브라운 장군 :

감사하다.

2. 공동위원회 협의에 참석할 민주적 정당과 사회단체 명단 합의

브라운 장군 :

이전 공동위원회 회의에서 소련 대표단장은 미국 대표단장에게 2가지 질문에 답변할 것을 요구했다. 한 가지는 미국 대표단장의 발언에 대한 응답 차원의 질문이었고, 다른 하나는 반탁위원회에 연관된, 공동위원회와의 협의에 지원한 정당과 단체에 관한 미국 대표단의 관점과 관련된 것이었다. 미국 대표단장은 두 질문에 대한 논의를 진행하고자 한다.

1947년 7월 16일 43차 공동위원회 회의에서 소련 대표단장은 미국 대표단장의 다음과 같은 발언에 대해 질문했다.

"소련 대표단장은 반탁위원회의 어떤 정당과 단체 회원이 그의 차에 돌을 던졌다고 할 만한 증거가 없다. 그의 발언은 그가 이 자리에서 우익 정당이 협의에 받아들여져서는 안 된다는 주장의 증거만큼이나 부족하다. 그는 미국 대표단에 완전히 날조된 증거는 아닐지라도 상당히 박약한 증거를 통해 어떤 정치적 광신도를 조잡하게 공격하고 있는 것처럼 보인다."

이에 소련 대표단장은 이 발언을 소련 대표단에 대한 모욕으로 간주한다고 답변하였다.

소련 대표단장은 자신이 6월 23일 몇몇 시위자들이 소련 차량에 돌을 던진 것에 대한 항의 차원에서 미국 대표단장에게 제출한 문서의 정확성에 대해 미국 대표단장이 의문을 갖고 있다고 생각하는 것 같았다.

전체 발언을 고려하자면, 7월 16일의 43차 회의록은 브라운 장군의 발언을 명확하게 보여준다. 브라운 장군은 "한국에서는 자신들과 입장이 다른 이들을 모함하기 위해 잘못된 사실을 전달하는 일은 드물지 않게 일어난다. 소련 대표단장이 어떤 한국인에게 반탁위원회 회원이 소련 차에 돌을 던졌다는 말을 들었다는 것은 가능성의 영역일 뿐이다. 소련 대표단장은 그 말이 사실이라는 증거를 제시하지 못했다. 미국 대표단장은 다시 한번 이 사실에 주목할 것을 요청한다. 그리고 반탁위원회에 대한 소련 대표단장의 비난에 미국 대표단이 현명하게 행동할만한 증거를 제시할 것을 촉구한다. 미국 대표단은 아직 그러한 증거를 얻지 못했다"고 말했다. 또한, "보아하니 소련 대표단장은 내가 말한 바를 이해하지 못한 듯하며, 여타 문제도 적절히 통역되지 않은 듯하다. 나는 소련 대표단의 차에 돌이 던져졌다는 말에 의문을 제기한 것이 아니다. 소련 대표단장이 그 돌이 반탁위원회의 회원들이 던졌는가를 입증하지 못했다는 것과 소련 대표단장이 어떤 사람들로부터 반탁위원회 회원들이 돌을 던졌다고 전해 들었을 수도 있다는 것을 말한 것이다. 그 정보는 정확하지 않을뿐더러 소련 대표단장은 한국인들에 의해 어떠한 목적으로 잘못된 정보를 받았을 수도 있다"라고도 말했다.

미국 대표단은 이 회의록을 신중히 분석하였고, 여기에서 모욕으로 간주할만한 점은 발견하지 못하였다. 소련 대표단이 원하는 경우 미국 대표단은 소련 대표단에게 미국 회의록 사본을 영문으로 제공하겠다.

소련 대표단장은 남한의 정치 상황에 대해 잘 알고 있다. 그가 아는 것처럼 소위 우익 정당들이 다수를 형성하고 있으며, 소위 좌익 정당들은 매우 조직적으로 잘 구성되어 있으며 민주주의민족전선 하에서의 활동을 위해 더 집중되어 있다. 이 둘은 상당히 경쟁적인 구도를 형성하고 있고 양자 사이에 증오와 계속되는 다툼이 존재하고 있다. 소위 말하는 좌익 세력은 과거부터 남한의 미국 정부에 상당한 적개심을 보여왔다. 그들의 선전물들은 미국과 미국 정부, 그리고 미군에 대한 잘못된 정보를 퍼뜨렸으며 어느 세력이든 반대 파벌을 곤란에 처하게 하기 위해 얼마든지 이러한 방식을 행할 수 있다.

미국 대표단은 소련 측이 제시한 반탁위원회 구성 정당과 단체 24개 중 15개가 더 이상 반탁위원회에 속해있지 않음을 보여주었고, 6월 23일 시위는 반탁위원회가 주도한 것이 아니라는 것을 보여주었다. 소련 대표단이 그 시위에 참석했다고 비난하는 정당들은 사실 그 시위에 참여하지 않았다. 6월 23일 시위는 분명히 김구가 주도했고 지방 교육 기관 중 한 곳의 소그룹 학생들이 참여했다. 반탁위원회는 실용적인 목적으로 봤을 때 현존하지 않는 조직이다. 소련 대표단이 여기에 속한다는 이유로 협의에서 제거하기 위해 노력하고 있는 정당과 단체들은 사실상 협의 신청서에 서명한 이후에 적극적인 방해를 조장하거나 선동하지 않았다.

최근 적어도 20여 개의 좌익 정당이 미국 대표단을 방문해 반동적인 남한의 정당들과 협의하지 말 것을 요구해왔던 것은 사실이다. 그들은 첫 번째로 한민당을 언급했다. 남한의 좌익 언론은 공동위원회 소집 전부터 비슷한 요구를 했으며 계속해서 이를 요구하고 있다. 북한의 언론과 연설가들도 비슷한 요구를 해왔다. 만일 미국 대표단장이 정확하게 기억하고 있다면 이러한 요구들은 북한에서 열린 대규모 시위에서 특정 연설가들이 공공연하게 하던 것이며, 미국 대표단이 실제 목격한 바 있다. 남북한 양측의 민주주의민족전선을 포함한 좌파의 요구는 현재 우익 집단들을 의미하는, 소위 말하는 반동요소들을 제거하기 위함이며 이는 너무나도 잘 알려진 것이라 특별히 말할 필요도 없을 정도이다.

미국 대표단장이 현재 공동위원회 회의에서 종종 언급했듯이 통일된 한국을 위한 임시정부를 구성하는 것은 이 위원회가 당면한 책임이다. 모든 정당과 모든 한국 국민이 그러한 정부에서 합리적이고 적절한 대표권을 가질 수 없다면, 안정적인 정부가 될 수 없으며 그러한 정부를 공정한 위원회를 통해 창설할 가치도 없을 것이다. 공동위원회가 소련 대표단의 제안들을 따라야 한다면 소련 대표단이 계속해서 제거하도록 권유한 수많은 우파 정당을 제거해야 할 것이다. 이는 한반도의 정치적 균형을 왜곡시켜 국민의 많은 부분에서 부당한 것이며, 이후 불안정과 혼란을 가져올 것이다. 따라서 공동위원회의 목적은 파괴될 것이다.

미국 대표단이 이 문제에 대해 가능한 한 명확한 입장을 취하고 쉬띠코프 장군이 43차 회의 말미에 제기한 구체적인 요구에 응하기 위해 미국 대표단장은 다음과 같이 발언한다.

1946년 회의나 공동위원회에서 소련 대표단은 모스크바 결정을 전적으로 지지하지 않는 한국인들은 공동위원회의 협의를 받을 수 없다는 입장을 취했다. 그들은 심지어 모스크바 결정의 한 단어에 대한 반대가 모스크바 결정을 전적으로 지지하지 않는 것이라고 주장하기까지 했다. 1946년 12월 24일자 주한 미군 사령관의 서한에 대한 답신으로, 북한의 소련군 총사령관은 1947년 2월 28일의 서한에서 이 논쟁을 이어 갔다. 지휘관들이 서신을 교환하는 동안, 모스크바 결정에 대한 수용 가능한 반대의견을 규정하려는 시도가 있었다. 이 한계를 넘어설 경우 한국인들은 공동위원회 협의에 참여할 수 없었다. 1946년 11월 26일 서신에서 북한의 소련 사령관은 이 문제를 해결하기 위한 방법을 추천했고, 1946년 12월 24일 답신에서 주한 미군 사령관은 제시된 방법에 대한 일부 수정을 권고했다. 이 문제는 양측 장관들이 처리했으며, 1946년 12월 24일자 서신에서 남한의 주한 미군 사령관이 제안한 방법을 수락하기로 합의했다. 이 방법에 따라, 협의 신청서에 서명한 정당이나 사회단체의 대표는 모스크바 결정이나 동맹국 중 어느 한쪽에 대한 적극적인 반대를 선동하거나 조장하지 않는 선에서 모스크바 결정, 미래의 정부 구성이나 관련 단어, 문구 또는 생각에 관해 공개적으로 또는 개인적으로 자신의 의견을 자유롭게 표명할 수 있다.

소련 대표단장은 지난 몇 주 동안 1년 전의 입장으로 돌아가려 했다.

그는 어려움을 해결하기 위한 두 사령관의 노력, 그리고 충실히 이행된다면 어려움을 해소시켜줄 두 외무장관의 합의를 이해하지 못했다. 사실상 1947년 5월 28일 제1분과위원회에서 툰킨은 소련 대표단은 모스크바 결정과 그 결정의 모든 항목을 전적으로 지지하지 않는 한국인과의 협의에 동의하지 않을 것이라고 선언했다. 이 선언이 모스크바 결정에 포함된 단어에 반대하는 사람들에게까지 맞서려는 소련 대표단의 의도대로 되지는 않았지만, 이 선언은 두 외무장관의 합의에서 퇴보하는 것이었고 사실상 그 합의의 가치를 파괴하면서 소련을 1946년 5월 당시의 입장으로 되돌려 놓았다.

게다가 7월 16일의 제43차 회의에서 소련 대표단장은 다음과 같이 선언했다. "소련 대표단은 그것이 어느 한 단어이든 부분이든 간에 모스크바 결정에 반대하는 자들과는 이야기하거나 협의하기를 원하지 않는다."

모스크바 결정은 실제적으로 그것에 포함된 각 조항이 넓은 해석의 대상이 되도록 작성되었다. 모스크바 결정에는 폭넓게 해석될 여지가 있는 단어 하나가 있는데, 바로 '신탁통치'이다. 모스크바 결정은 신탁통치를 '원조와 지원aid and assistance'이라고 해석한다. 이는 더 나아가 한국의 독립을 보장한다. 한국인은 일제의 통치를 40년간 버텨왔다. 그들은 자랑스러운 민족이다. 그들이 완전한 독립을 얻어야 한다는 것은 당연한 일이다. 따라서 모스크바 결정에 따라 원조와 지원을 받는다면, 그들의 정부를 통제하고 독립을 지연시키거나 좌절시키는 시도가 이뤄질 수도 있을 것이라는 이들의 두려움은 당연하다. 통제가 필요하게 될 가능성도 물론 있다. 그러나 모스크바 결정은 원조와 지원을 효과적으로 시행하는 데 필요한 통제 범위를 분명히 보여준다. 원조와 지원은 오직 필수품에 한해서만 이루어지는데 이는 한국이 원조와 지원 기간 동안 완전한 자유 독립 국가로 적절하게 발전하는 것을 보장하기 위함이다. 한국인들은 당연히 이 시점에서 모스크바 결정에 대한 해석에 관해서 다른 생각을 가질 수 있다. 이러한 생각을 가지고 있으면 그것을 표출하는 것은 자연스러운 것이다. 또한 그들 국가의 주권에 대한 간섭에 이의를 제기하는 것도 당연한 일이다. 자신의 생각을 개인적으로 또는 공적으로 표현하면서도 협의에서 제외되지 않는 것이 자유인의 권리이고 이것이 바로 미국이 한국의 임시정부 수립과 관련하여 소련 정부를 상대하면서 지속적으로 주장해온 것이다. 소련 당국이 거의 1년간의 의견 교환에 동의한 것은 이 원칙이다. 소련 대표단과 소련 대표단장이 현재 파괴하려는, 그래서 두 외무장관이 서명한 합의와 공동위원회 결의안 12호를 거부하려는 것이 바로 이 원칙이다.

미국 대표단은 신탁통치에 대한 반대 표현을 모스크바 결정에 대한 반대 의사를 선동하는 행위라고 보지 않는다. 모스크바 결정은 재통일된 한국에 대한 정부 설립과 발전에 포함된 모든 요구 사항을 직접적으로 또는 암시적으로 다룬 광범위한 문서이다. 앞서 말했듯이, 모든 충성스러운 한국인은 자국의 독립을 원한다.

모든 한국인은 모스크바 결정에 따라 독립을 보장할 기회를 환영한다. 그들은 겉치레에 대한 불신을 두려워하지만, 그 결정에 대한 한 가지 개념, 즉 '신탁통치'라는 단어의 알려지지 않은 의미를 두려워한다. 모스크바 결정은 1항에서 문서의 취지를 설명한다. —즉 "독립 국가로서 한국을 재수립하고, 한국을 민주적 원칙 하에 발전시키는 조건을 창출하며, 일본의 장기 식민지배의 비참한 결과를 한국에서 가장 빠른 시일 내에 제거하기 위해서" 의심할 여지 없이 그것을 작성한 사람들은 3항에 '신탁통치'라는 단어를 집어넣음으로써 문서 전체 조항을 해치려는 의도가 없었다고 볼 수 있다. 그렇다면 어떻게 이 단어 — 신탁통치 — 의 가공되거나 과장된 의미에 반대하는 의견이나 발언이 문서에 대한 반대로 보일 수 있는가? 그러한 논쟁은 성립될 수 없다.

미국 대표단은 반탁위원회 또는 이와 유사한 기구의 정당이나 사회단체가 공동위원회와의 협의에 장애가 된다고 간주하지 않는다. 정당과 사회단체가 자국에 제공된 지원과 원조에 대한 논의와 검토를 위해 위원회에 함께 참여해야 하며, 자신을 반탁 또는 유사한 위원회라고 부르는 것은 당연하다. 이 위원회가 그들의 활동에 대한 의사 표현을 자유롭게 하고 적극적인 반대를 조장하거나 선동하는 수준까지 이르지 않은 상태에서 행동을 멈추는 한, 그들은 반대 의사를 표현할 수 있다.

사실상, 모스크바 결정 3항은 한국 임시 민주 정부와 한국의 민주적 단체와 함께 정치, 경제, 사회를 돕고 원조(신탁통치)하기 위한 조치를 취하기 위해 공동위원회에 임무를 부여한다. 한국인의 사회적 진보, 민주적인 자치의 발전, 그리고 한국의 국가 독립 확립 등이 그것이다. 공동위원회는 이 중요한 문제에 대해 침묵하는 한국인이, 모스크바 결정 3항의 요구 사항에 따라 책임지고 결정해야 하는 시점에서 어떻게 공동위원회에 도움이 될 것으로 기대하는가? 공동위원회는 최근 한국 전역에 정부 구성과 헌장, 강령에 관해 모든 사람이 자유롭게 의견을 표명하도록 초청했다. 이것은 한국인들에게 한국의 미래에 대한 생각을 토론하고 제시하기 위한 초청이다. 임시정부가 결성된 이후 한국의 입장에서 가장 중요한 주제 중 하나는 신탁통치이다. 소련이 하려는 것은 무엇인가? 애국적인 한국인을 자극하여 적극적으로 모스크바 결정에 반대하도록 선동하고 조장하는 것인가 아니면 모스크바 결정에 따라 임시정부와 한국의 독립을 발전시키겠다는 신념으로 이 일을 진행하는 것인가? 소련은 외무장관들의 합의를 따르려고 하는가?

다른 종류의 신탁통치도 있다. UN에 의해 행사된 것은 전 세계적으로 알려진 형태 중 하나이다. 일본이 한국을 합병하기 전에는 다른 방식을 사용하는 척하면서 모든 충직한 한국인들로부터 미움을 받았다. 신탁통치의 정의가 정해지기 전까지는 모스크바 결정에 규정된 신탁통치는 알려지지도 않고, 알려질 수도 없다. 한국인들이 신탁통치에 반대한다고 말하는 것을 들어보면, 실제가 아닌 상상의 개념이나 그들이 싫어하는 일본의 개념에 반대한다. 공동위원회는 한국인의 두려움을 가라앉히고, 한국인에게 이 용어의 정의를 올바로 이해시키고 적용하게 하도록 노력해야 한다. 그들을 비난하고 청문회도 없이 유죄를 선고하여 그들의 가장 중요한 관심사인 자유롭고 독립된 정부를 세우는 위원회에 참석하는 것조차 못하게 하는 것이 공동위원회의 임무는 아니다.

미국 대표단은 소련 대표단에 모스크바 결정이 제시하는 통일된 한국 전체에 대한 임시정부를 수립하는 일에 진실하게 동참할 것을 제안한다. 이로써 세계 양 강대국이 사심 없이 작고 약하며, 의존적인 민족의 이익을 위해 일할 수 있음을 보여주도록 하자.

쉬띄코프 장군 :

미국 대표단장이 7월 16일 공동위원회에서 발표한 성명서(소련 대표단의 6월 23일 시위와 관련된 비난과 소련 대표단을 향한 폭력적 태도의 신빙성이나 진실성에 관한 의심이 표출된)와 관련하여 소련 대표단은 미국 대표단에 의한 모욕에 대한 질문을 제기했다. 그러한 진술은 번역본이나 필사본에 기록되어 있다. 소련 대표단은 미국 대표단장의 성명에 있는 정보를 수용한다. 그 성명에서 미국 대표단장은 소련 대표단에 모욕을 주거나 이 문제와 관련하여 소련 대표단이 제시한 문건에 의심을 제기하고 싶지 않다고 말했다. 소련 대표단은 기록에서 볼 수 있듯이 반탁위원회의 위원들이 개인적으로 소련 대표단의 차에 돌을 던졌다는 비난을 하지 않았다. 소련 대표단은 소련 대표단을 상대로 한 시위 참가자들의 시위와 폭력이 반탁위원회를 대표한다고 느낀다. 이에 대한 책임은 이 시위를 조직한 반탁위원회와 반탁위원회를 구성하는 당사자와 사회단체들에 있다. 남한의 좌우익 정당과 단체 간의 적대적인 주장과 거짓 문서의 제작에 관해서는 소련 대표단이 책임을 질 수 없다. 특정 당사자와 조직의 요구에 관해서, 소련 대표단은 그들의 사유와 객관적 또는 주관적 판단력을 구분할 수 없다. 러시아에는 국민의 목소리가 신의 음성이라는 격언이 있다. 즉, 신의 심판은 국민의 심판이다. 우리는 사람들의 목소리에 귀 기울여야 한다. 협의에 참석하지 않는 몇몇 정당이나 조직들에 대한 북한의 정당과 조직들의 요구에 관해서, 그리고 6월 30일 평양 회의에서 연사들의 성명에 관해서 소련 대표단도 미국 대표단과 마찬가지로 들은 바 있었지만, 그들은 나름의 이유가 있었다. 이는 한국인들의 문제이다. 좌우익에 대한 소련 대표단의 태도에 관해서는 미국 대표단이 알고 있듯이 소련 대표단은 기준을 따를 뿐이다. 이 기준이란, 정치적 견해나 지향과는 별개로, 이러한 정당들과 단체들의 모스크바 결정에 대한 태도이다. 소련 대표단은 미국 대표단의 견해에 따라 좌익이건 우익이건 공동위원회가 모든 정당이나 조직과 관련하여 객관적이어야 한다고 의견을 표명한다. 미국 대표단장은 금일 회의에서 미국 대표단의 입장이 모스크바 결정에 관한 소련 대표단의 견해와 다르다고 언급했으며, 미국 대표단의 의도를 진술한 상세 발언에 대해 소련 대표단은 명시된 우리 측의 입장에 대해 답변할 수 있도록 미국 대표단이 제시한 성명서를 더 면밀한 연구해야 할 것이다. 그래서 나는 오늘 이 문제에 대한 논의를 보류하고 소련 대표단이 그것을 연구할 기회를 갖기 위해 회의를 연기하는 것이 바람직하다고 생각한다. 그렇게 된다면 소련 대표단이 다음 정기 공동위원회 회의에서 입장을 상세히 진술할 수 있을 것이다.

3. 공동위원회 구두 협의를 위한
　　　　　　민주적 정당과 사회단체 대표자 명단 승인

이 의제는 논의되지 않음

4. 구두 협의 절차 승인

이 의제는 논의되지 않음

5. 다음 회의 일자 선정

미정

이하 브라운 소장과 쉬띄코프 상장의 서명

30

3부조정위원회 보고서
미국의 한국 정책

KWUB-0110, NARA

3부조정위원회 – 미국의 한국 정책

1급비밀 사본번호 : 14

참조 : SWNCC 176/27

1947년 7월 24일

첨부 : 177-179-B쪽

비서관의 통지

1947년 7월 23일 제59차 3부조정위원회 회의에서 합의된 대로, 합참이 기본적인 답변을 요청하며 전달한 연합군 최고 사령부(SCAP)가 합참으로 보낸 전문인 첨부 'A'와, 전쟁부 소속 위원이 발표한 성명인 첨부 'B'는 긴급현안으로서 검토와 보고를 위해 특별위원회에 회부되었다.

비서관

모즐리H. W. Moseley

슐겐W. A. Schulgen

로렌스V. L. Lowrance

발신 : 일본 도쿄 극동사령부

수신 : 합동참모본부

문서번호 : C 54133

1947년 7월 18일

하지 장군이 보낸 서신을 다음과 같이 전달한다.

"주제는 한국 정책이다."

나는 장래의 한국 정책을 크게 걱정합니다. 최근까지의 업무수행을 볼 때, 나는 미소공동위원회가 소련에서 명령만 내리면 결렬되어 실패로 끝날 것을 확신합니다. 내가 아는 바로는 소련의 입장은 이전과 조금도 변함이 없으며 마셜과 몰로토프 서신에 대한 소련 측의 내용은 그저 말만 많을 뿐입니다. 나는 소련이 한국을 소련의 위성국가로 만들려 한다고 확신합니다. 그것도 소련의 유럽 위성국가만큼이나 긴밀하게 아니면 오히려 그들보다 더욱 가깝게 말이죠. 북한은 보전될 수 없을 것입니다. 지금 그들은 공산주의자들을 제외한 모두를 배제하고자 신탁통치 논쟁에 채찍을 쓰고 있습니다. 물론 그렇진 않겠지만 그들이 만약 이 문제에 있어서 굴복하게 된다면, 그들은 다른 문제들을 방해할 것입니다.

우리는 러시아인들을 달래고 모스크바 결정이 작동되도록 노력하면서 남한을 재건하는데 족히 1년을 허비했습니다. 워싱턴에 있는 동안 나는 모스크바 결정을 고수하는 것이 한국의 독립 문제를 해결하지 못한다면 어떻게 할 것인지에 대해 많은 토론을 했습니다. 공동위원회가 현재의 협상에 실패한다면 모스크바 결정의 폐기는 의심의 여지가 없습니다. 그걸로 끝인 것이고, 미국은 그렇게 발표해야 합니다. 한편, 비록 남한의 향후 계획과 관련하여 많은 이야기와 소문이 있었기는 하나, 아직 그 과정을 위한 결정적인 지침은 없는 상황입니다. 공동위원회가 실패하면 한국에 있는 미국인들도 마찬가지로 실패할 것입니다. 만약 우리가 신속하고 결연하게 움직여 미국의 지도를 받는 자치정부의 통제 아래 남한을 건국하고 현재 진행 중인 미국점령지역구제기금(GARIOA) 이상으로 즉각적이고 현실적인 재건을 이룩할 준비가 되어 있지 않다면 말이죠.

정부의 공식 성명과 언론에서는 한국에 지원할 다양한 보조금을 논했습니다. 그 양상은 변덕스럽고 종잡을 수 없는 것이어서 나를 혼란스럽게 만들었습니다. 하지만 나보다 한국인들이 더욱 혼란스러웠을 것입니다. 미국의 약속에 대한 한국인들의 신뢰는 암묵적으로든 실제로든 급속하게 낮아지고 있습니다. 그리고 우리는 완전 불신의 지점에 다다랐고 한국인들이 미국에 대해 적개심을 가질 정도까지 왔습니다. 지금 우리 구역에 있는 러시아인들은 수많은 공산주의자 꼭두각시들을 통해 효과적인 구두 선전을 펼쳐 미국을 나쁘게 보이게 만들고 있고, 상당한 성과를 거두고 있습니다.

내가 현재 한국인들에게 보여줄 수 있는 것 중 하나는 모스크바 결정을 이행하려는 노력뿐입니다. 그 노력이란 새롭지만 그다지 인기는 없는 선거법입니다. 연합 입법부가 통과시키고 약간의 관심과 함께 총선을 위해 이용될 법안이죠. 그리고 또 하나는 여전히 삭감 대상이고

1948년에 통과되지 못한 미국점령지역구제기금 예산뿐입니다.

한국인들은 국무부가 이곳의 행정을 장악할 것인지, 그리고 언제 그렇게 될 것인지에 대한 준-공식적인 성명과 관련해 더욱 혼란스러워하고 있습니다. 그들은 그러한 성명을 굉장히 중요하게 여깁니다.

전체적으로 그들은 동양인이고, 폐쇄적인 옛 왕국의 후손들이며, 자연적으로 폭발하기 쉽고 사나운 데다 미국과 소련의 정치 이념전에 끼어 있습니다. 우리가 이들을 위해 준비한 것이 무엇인지와 관련해서 상충되는 발표들 때문에 혼란스러운 상태이니, 우리와 관련해서는 무엇이든 이들에게 극히 불쾌하리라 보입니다. 그러한 연유로 우리는 다가올(공산주의) '혁명'과 북한에 의한 '파시스트' 미국인들로부터의 남한 해방에 관한 정보를 계속해서 조금씩 수집하고 있습니다.

나는 국가 대외정책 의제에서 한국이 늘 낮은 순위를 차지하고 있다는 점을 알고 있습니다. 하지만 이곳의 상황은 곧 폭발할지도 모를 지점에 이르렀다는 사실을 워싱턴이 알아야 할 시기라고 생각합니다. 다음과 같이 권고합니다.

A. 공동위원회 휴회 이후 유효한 장기적 행동계획이 작성되고 소통되어야 합니다.

B. 장차 한국에 대한 계획 실행이 확실해질 때까지 그 계획에 관해서 지금처럼 상충되는 추측이나 성명은 모두 제거되어야 합니다.

C. 우리 사령부 전투부대의 전투력을 편제표대로 유지하기 위해 가능한 모든 노력을 경주해야 합니다.

1947년 7월 18일

1. 전쟁부는 급속하게 악화되고 있는 한국의 정치 상황을 점점 더 우려하게 되었다. 미소공동위원회에 관한 양측의 협상이 현재 교착될 것이 더욱 분명해졌기 때문에 내부 불안이 늘어났다. 폭발하기 쉽고 변덕스러운 한국인들의 기질을 보았을 때 한국 독립에 대하여 더 이상의 진전이 없다면 이러한 불안은 내부 폭력사태로 이어질 가능성이 크다. 한국인들의 극심한 불만은 공산주의자 또는 다른 이기적인 이권 추구에서 기인한 것이지만, 그 불만에 직면한 상태로 미국이 무력으로 남한 지역을 평정할 필요가 생긴다면 상당히 심각한 군사적, 정치적 파장이 있을 것이다.

2. 미소공동위원회에 대한 소련 대표단의 목표는 미국 정부가 제안한 보조금 계획을 시행하지 못하도록 방해하는 데 필요한 만큼만 협상을 연기시키는 것이라는 증거가 명백해지고 있다. 이 목표는 의회의 현 회기가 휴회하자마자 달성될 것이다. 그러므로 미소공동위원회가 조기에 결렬될 경우를 대비해 미국 정부의 방책에 대한 즉각적인 결정이 필요하다.

3. 한국에 대한 보조금이 없는 상황에서 소련의 술책을 고려했을 때, 미국이 한국에서 원하는 목표를 달성할 수 있을까 하는 심각한 의문이 제기된다. 급속히 유지 불가능한 입장이 되어가는 현 상태로부터 미국

이 탈피할 수 있는 동시에 소련이 한반도 전체를 차지하지 못하도록 막는 대책은 이 문제를 UN 총회에 회부하는 것으로 보인다.

4. 미소공동위원회 협상의 불안정한 상태, 의회의 휴회와 악화일로인 한국의 정치 상황을 고려했을 때, 나는 미국의 한국 정책 문제는 긴급현안으로서 이번 주 회의에서 국무부, 전쟁부, 해군부 장관에게 의견과 권고안을 제시할 목적으로 다루어져야 한다고 제안한다.

미국의 한국 정책 - 비서관의 통지

3부조정위원회, SWNCC 176/27에 대한 오류정정과 부록

1급비밀 사본번호 : 14

1947년 7월 25일

SWNCC 176/27 소유자들은 다음과 같이 문서를 수정하기 바랍니다.

ⓐ 원본 표지를 첨부된 수정 표지로 대체하고 대체된 표지는 소각, 파기한다.
ⓑ 첨부한 179-A쪽과 179-B쪽에 첨부 'B'를 추가한다.
ⓒ 177, 178, 179쪽의 첨부를 첨부 'A'로 수정한다.

비서관

모즐리

슐겐

로렌스

31

미소공동위원회 제52차 회의록

KWUB-0111, NARA

회의록—52차 회의

미소공동위원회 : 한국 서울, 덕수궁

1947년 8월 7일 13시 30분

참석자

미국 대표단 : 브라운 소장, 번스 씨, 존 웨컬링 준장, 오웬 존스 씨, 링컨 대령.

소련 대표단 : 쉬띠코프 상장(의장), 툰킨 일등 자문위원, 발라사노프 이등 자문위원, 코르쿨렌코 대좌.

고문과 기술전문가들도 참석함.

비서관

아브라멘코 대좌(소련)

에드워즈 중령(미국)

의제

1. 이전 회의의 회의록 승인

2. 공동위원회 협의에 초대된 민주적 정당과 사회단체 명단 승인

3. 공동위원회 구두 협의를 위한 민주적 정당과 사회단체 대표자 명단 승인

4. 구두 협의의 절차 승인

5. 다음 회의 일자 선정

1. 이전 회의의 회의록 승인

1947년 7월 9일에 열린 제40차 회의의 회의록이 승인되었다.

2. 공동위원회 협의에 초대된 민주적 정당과 사회단체 명단 승인

쉬띄코프 장군 :

지난 회의에서 미국 대표단은 다음 회의 때 미국 대표단의 고려사항과 의견을 제시하기 위해 소련 대표단의 제안을 검토하기 원한다고 했다.

브라운 장군 :

1. 미국 대표단은 1947년 8월 5일 소련 대표단이 진술한 발언과 제안을 주의 깊게 검토해보았다.

ⓐ 모스크바 결정, 외무장관들의 합의, 공동위원회 결의안 12호, 이 모두가 한국의 정당과 사회단체의 협의를 필요로 한다.

ⓑ 모스크바 결정으로 공동위원회는 임시정부의 구성을 지원해야 한다 — 즉 정당과 사회단체의 대표들을 통해 공동위원회에 그들의 열망을 전달하고자 하는 한국인을 지원한다.

ⓒ 한국인들은 공동위원회 결의안 12호를 준수한다면 한국 임시 민주 정부의 구성에서 그들이 협의 대상이 되며 그들의 견해가 고려될 것을 알고 있다.

ⓓ 미국 대표단은 한국 임시정부 구성에서 어떠한 대규모 한국인 집단도 제외시킬 의사가 없다.

2. 위에서 언급된 사실들을 통해 공동위원회가 의견충돌을 해소하고, 장관들의 합의와 공동위원회 결의안 12호에 따라 협의할 자격이 있는 이들과의 협의 방식을 진전시키는 것이 필수적이다. 미국 대표단은 이 문제가 해결되기 전에는 공동위원회가 후속적으로 수행해야 할 작업을 해나가는 데 어떠한 진전도 없을 것으로 생각한다. 예를 들면, 만약 소련 대표단이 반탁위원회나 여타 우파 집단의 성원들을 협의로부터 제외한다는 태도를 고수한다면, 미국 대표단은 소련 대표단이 서면 설문지와 협의체 구성을 고려하면서 발생할 이후의 문제들을 논의하면서 같은 제외 기준을 적용할 것으로 상정할 수밖에 없다. 미국 대표단은 이것이 더 큰 논쟁으로 이어질 뿐이라고 믿는다. 소련 대표단이 거부권을 사용하지 않고 정당과 사회단체와 널리 협의하기 위한 그 합의와 우리의 지침에 부응할 것인지의 문제가 해결되거나, 한국인의 견해를 얻을 수 있는 다른 방법을 발전시키기 전까지는 추후의 작업을 수행하고자

해도 아무것도 얻을 수 없다고 생각한다. 추후의 작업은 이 기본적 쟁점을 해결했을 때에만 성공적일 수 있다.

3. 미국 대표단은 소련 대표단과의 의견 차이를 극복하는 일의 어려움을 알고 있으며, 소련 대표단의 제안에서 그들이 고수하는 옹호 불가능한 입장에서 벗어날 것이라는 의도를 발견하지 못했다. 그럼에도 미국 대표단은 여전히 합의에 도달하기 위해 노력할 것이고 이 문제에 관한 논의를 계속하자는 소련 대표단의 청원을 거부할 뜻이 없다.

4. 그러므로 미국 대표단은 1947년 8월 5일자 소련 대표단의 제안 2항을 "양측 대표단장이 제1분과위원회의 의장을 만나 협의 문제를 논의하고 해결하도록 지시"로 수정할 것을 제안한다.

5. 미국 대표단은, 위 수정된 소련 제안의 수용이 공동위원회 현 과업의 즉각적 완수나 공동위원회의 조기 업무 재개를 보장할 것이라고 여기지 않는다. 그러나 이는 제2, 제3분과위원회가 몇 주 전에 완수했어야 할 그 업무에 착수시킬 합의를 조기에 끌어낼 가능성을 갖는다. 협의 문제가 해결되는 대로 미국 대표단은 소련 대표단이 1947년 8월 5일 제출한 제안에 대한 논의를 진행할 것이다. 제안의 1조 a, b, c항 그리고 2조 c항이 논의될 것이다.

쉬띠코프 장군 :

소련 대표단은 8월 5일자 진술에서 공동위원회에서 발생한 의견 차이의 원인을 설명했으며, 공동위원회가 직면한 다른 중요한 문제의 해결을 용이하게 해줄 제안을 제출했다.

소련 대표단은 제1분과위원회가 양측 대표단장과 함께 소련 측 제안의 2항에 제시된 문제들뿐 아니라 구두 협의에 초대될 정당과 사회단체의 명단 편집 문제에 관한 업무에 착수할 때 제2, 제3분과위원회도 동시에 그들의 업무를 시작할 수 있다고 믿는다. 이들 분과위원회의 업무는 제1분과위원회의 작업과 병립적으로 진행될 것이다. 구두 협의에 초대받은 정당과 사회단체의 명단 부재가 제2, 제3분과위원회의 작업개시를 방해하지 않을 것이다. 동시에 공동위원회는 나중에 다룰 문제들을 해결하기 위한 작업을 지금 시작할 수 있을 것이다. 내가 염두에 둔 것은 임시 민주 정부와 지역기관의 정치적 강령만이 아니라, 조직구조와 원칙에 관련된 제안의 준비이다.

소련 대표단의 제안에 대한 대응으로 오늘 제출된 미국 대표단의 제안은, 제1분과위원회와 양측 대표단장들의 결정을 위해 소련 대표단이 제안한 문제들의 범위를 좁힌다.

2번 항목의 소련 대표단 제안은 아래의 세 가지 질문에 대한 해결이 될 것으로 생각한다.

1. 구두 협의를 위한 민주적 정당과 사회단체의 명단 작성 문제에 대한 합의를 위해 논의를 계속하는 것.

2. 구두 협의를 위한 정당과 사회단체 대표들의 명단을 준비하는 것.

3. 공동위원회 결의안 12호의 9항과 관련된 제안을 고안하는 것.

소련 대표단은 제1분과위원회 의장과 양측 대표단장들이 한국에 관한 모스크바 결정, 두 외무장관의 합의, 그리고 공동위원회 결의안 12호에 따라 인도된다면, 그들의 작업 결과가 훨씬 빠르게 성취될 것으로 확신한다. 이는 공동위원회의 업무 전체를 신속히 처리할 수 있게 해줄 것이다.

소련 대표단은 반탁위원회를 구성하는 정당과 사회단체를 제외하자고 제안하는 것이 아니라, 그들이 반탁위원회로부터의 탈퇴를 선언할 때에만 이 정당과 단체들을 포함하자고 제안한다. 소련 대표단의 제안과 미국 대표단의 발언 사이에는 차이가 있다. 이 정당과 단체들이 공동위원회 업무 재개의 시점부터 모스크바 결정과 공동위원회의 작업에 대하여 현명하게 행동했다면, 그리고 공동위원회의 작업만이 아니라 모스크바 결정을 완전히 인정했다면, 아마도 우리는 우리의 각 정부에 남북한 정당과 단체의 협의와 관련된 공동위원회의 정교한 제안을 이미 제출했을 것이다.

브라운 장군 :

조금 전 미국 대표단장의 진술에서 제시된 것처럼, 미국 대표단은 1947년 8월 5일에 제출된 소련의 제안을 주의 깊게 검토했다. 미국 대표단은 소련의 제안을 완전히 이해했다고 믿는다. 미국 대표단의 견해로는 제2, 제3분과위원회에 업무를 지시하는 것은 무의미할 것이다. 그 적절한 해결은 협의 문제의 해결에 달려있다. 한국의 주요 정당들이, 정부에 대한 그들의 생각뿐 아니라 협의체와 최종적으로는 임시정부의 창출에 관한 협의를 포함하여, 임시정부 구성에 참여할 수 없는 한, 제2, 제3분과위원회가 그들의 업무를 고려하는 것은 무의미하다. 미국 대표단은 소련 대표단이, 그들이 거부한 정당들이 실제로 반탁위원회의 구성원이라는 사실을 규명하는 데 처음부터 실패했다고 누차 언급했다. 또한 소련 대표단은 반탁위원회의 구성원일지도 모를 정당들을 공동위원회와의 협의로부터 제외시킬 이유가 되는 어떤 행동에 대해 반탁위원회가 책임이 있다는 사실을 규명하는 데에도 실패했다. 단지 소련 대표단이 그 정당들이 반탁위원회의 구성원이라고 언급했다는 이유로 그 정당들을 협의로부터 제외하는 데에 동의할 수 없음을 미국 대표단은 누차 언급했다. 미국 대표단이 또 동의할 수 없는 것은, 어느 정당이 실제로 반탁위원회의 구성원으로 규명된다면 그 단순한 위원회 구성원 자격이 그 당을 협의로부터 자동적으로 차단할 것이라는 점이다. 미국 대표단이 방금 제시했듯이 미국 대표단은 소련 대표단과의 견해 차이가 어떻게 조화될 수 있을지 알지 못한다. 그러나 미국 대표단은 합의에 도달하기 위해 노력하며 이 문제에 관한 토의를 지속하자는 소련 대표단의 요청을 거절할 뜻은 없다. 미국 대표단이 미국의 제안에 의해 수정된 소련의 제안, 즉 "양측 대표단장이 제1분과위원회의 의장을 만나 협의 문제를 논의하고 해결하도록 지시"하자는 제안에 마지못해 동의하는 것은 이 합의 가능성 때문이다.

사실 이 제안은 소련이 1947년 8월 5일에 제출한 제안서의 2조 a, b항에 담긴 내용을 포함한다. 미국 대표단의 견해로는 협의 문제가 해결될 때까지, 그리고 협의 지원서에 서명하고 기존의 합의를 존중하는 한국의 모든 주요 정당들이 그들의 정당 또는 조직의 회원수 및 영향력에 따라서 협의에 대해서만이 아니라 협의체의 참가자로서 받아들여질 수 있다는 원칙을 소련 대표단이 수용할 수 있을 때까지는, 1947년 8월 5일에 제출된 소련 측 제안서의 2조 c항에 대해 논의하는 것은 무의미한 시도이다.

쉬띄코프 장군 :

소련 대표단은 그 제안에서 공동위원회 업무의 신속한 처리를 예견한다. 그리고 공동위원회가 다루어야 하는 몇 가지 가장 중요한 질문들의 해결 역시 예견한다.

소련 대표단은 1947년 8월 5일에 제안을 제시하면서 소련의 제안 1조 a, b, c항에 주어진 지침에 맞추어 제2, 제3분과위원회의 작업을 병립적으로 시작하는 것이 필수적이라고 여겼으며 지금도 그렇게 생각한다.

소련 대표단은 이 제안에 2조를 포함시켰다. 2조에 따르면 대표단장들이 제1분과위원회와 공동으로 a, b, c항에 지시된 문제들을 해결할 책임을 진다.

소련 대표단은 반탁위원회를 구성하는 정당과 단체가 모스크바 결정과 공동위원회 작업의 완전한 이행을 꺼리기 때문에 공동위원회의 작업이 지연되고 있는 점은 완전히 잘못되었다고 여긴다.

소련 대표단은 모든 정치적 경향을 대표하는 많은 수의 정당과 단체가 한국에 존재한다는 점을 지적했다. 우리는 이 정당과 단체들과 함께 협의를 시작하여 모스크바 결정을 완수하고, 한국 임시 민주 정부의 구성을 위한 이 결정이 제공하는 모든 조치들을 고안해야 한다.

반탁위원회를 구성하는 정당과 단체들은 그들 위원회의 강령을 따른다. 그 강령에는 그들이 한국인들 사이에서 모스크바 결정과 공동위원회의 작업을 약화시키는 방향으로 활동할 것이라는 점이 시사되어 있다. 이러한 정당과 단체들은 공동위원회와의 협의를 원한다고 하더라도 참여하지 못할 것이다.

공동위원회 작업이 진행되는 동안 2달이 넘도록 그들의 원칙을 포기하라고 지속적으로 설득했다면, 이미 그 정당과 단체들을 너무나 크게 배려한 것이라고 소련 대표단은 판단한다. 그들은 분명히 모스크바 결정과 공동위원회에 반대하려고 한다. 그렇게 선택한다면 그들은 그렇게 할 수 있다. 반복하건대 한국에는 모든 정치적 경향의 정당과 단체가 충분히 있으며, 그들의 참여를 통해 우리는 모스크바 결정을 이행할 수 있는 정부를 수립할 수 있다.

소련 대표단은 이 정당과 단체들이 반탁위원회를 탈퇴하고 모스크바 결정과 공동위원회에 반대하는 투쟁 강령을 거부할 때까지 그들을 명단에 포함시키는 것을 허용하지 않을 것이다.

브라운 장군 :

소련 대표단장은 반탁위원회에 속해있던 정당과 단체들 때문에 공동위원회의 작업이 지연되고 있다고 언급한다. 미국 대표단은 그 발언을 수용할 수 없다. 공동위원회의 작업은 소련 대표단에 의해서 지연되고 있다. 소련 대표단장은 다음과 같이 언급하였는데(나는 그의 말을 인용하겠다), 이 정당과 단체를 의미하는 "그들…"이 "…분명히 공동위원회와 모스크바 결정에 반대하기를 원한다. 이것이 그들의 소망"이라는 것이다. '그들이 분명히 무엇을 하려고 한다'는 발언은 단지 소련 대표단장의 견해이며, 사실에 근거한 것이 아니다. 그는 그 정당과 단체들이 이 위원회에 제출한 두 가지 서명된 선언문들을 그 견해에 반대하여 따져봐야 할 것이다(첫 번째 것은 공동위원회의 초청에 관한 것인데, 두 장관이 동의하여 서명한 성명이다. 만약 그 정당과 단체들이 서명하기를 원한다면, 장관들의 합의에 따라 그것은 선의의 선언으로서 수용되며 정당과 단체들에게 협의에 참여할 자격을 부여한다. 두 번째 서명된 선언은 위와 다른 날에 그 정당과 단체들이 공동위원회에 자발적으로 제출한 서한이다). 소련 대표단이 후자의 서한에 서명한 정당과 단체들을 반탁위원회의 구성원으로 여기는지 아닌지 미국 대표단은 알지 못한다. 그저 이 선언에 서명한 정당들과 사회단체들을 소련 대표단이 의심하고 있다는 사실을 알 뿐이다. 소련 대표단이 실제로 공동위원회의 작업이 계속되기를 원한다면, 그들이 견지하는 입장 때문에 정당과 단체들을 제외시키려는 용납될 수 없는 시도를 포기해야 한다. 소련 대표단이 그렇게 한다면 제1분과위원회는 10,000명 이상의 회원을 보유한 모든 정당의 지원 명단을 받아 누가 그 명단에서 제거되어야 하는지에 대해 **빠르게** 합의에 도달할 수 있을 것이다. 그때 협의는 이 집단들과 함께 즉시 시작될 것이며, 제1분과위원회는 10,000명 미만의 회원을 가진 모든 정당과 단체를 이어서 검토할 수 있으며 완전한 합의에 **빠르게** 도달할 수 있을 것이다.

쉬띠코프 장군 :

브라운 장군의 발언은 미국 대표단이 반탁위원회를 지지하고 모스크바 결정에 반대하는 정당과 단체를 전폭적으로 지지한다는 것을 나타낸다. 그렇지 않다면 미국 대표단 자체가 이들을 대표하여 공동위원회 회의에서 이들의 위치에 대하여 반복적으로 해명하려고 시도하지 않을 것이다.

소련 대표단은 공동성명서 5호에 담긴 선언에 서명한 정당과 단체들의 반탁위원회 탈퇴에 미국 대표단이 반대한다는 인상을 받는다. 알다시피 공동성명서 5호와 두 외무장관 간의 합의 1항에 담긴 선언은 모스크바 결정과 공동위원회 작업에 대한 전폭적 지지를 정당과 단체들에 요구한다. 특정 정당과 단체들은 이 선언문에 서명하고서도 반탁위원회에 여전히 남아있음으로써 모스크바 결정과 공동위원회에 대한 반대라는 반탁위원회 활동의 책임을 완수하고 있다.

이러한 정당과 단체들이 공동위원회에 보냈다고 추정되는 서한과 관련해서 소련 대표단은 이들이 실제로 서한에 서명하였는지 여부를 규명하고 싶다. 게다가 이 서한은 답변되어야 할 몇몇 질문들을 담고 있다. 소련 대표단은 이 서한에 개인적으로 서명한 이들만이 질문들에 답할 수 있다고 믿는다.

소련 대표단 쪽에서 제기될 질문들에 대해 미국 대표단이 답할 수 있다고 언급했던 것은 사실이다. 하지만 소련 대표단은 미국 대표단이 이 서한과 관련하여 소련 대표단 측으로부터 제기될 질문에 어떻게 답변할 것인지 분명하지가 않다. 오직 이 문서를 준비한 사람만이 그의 문서와 관련하여 제기될 질문에 대해 정확히 답할 수 있다. 소련 대표단은 이 서한의 작성자가 미국 대표단이라는 생각을 하고 싶지 않다. 소련 대표단은 왜 미국 대표단이 이 서한에 서명한 정당과 단체의 대표들을 초대하기 두려워했으며 지금도 두려워하는지를 이해할 수 없다.

명백히 미국 대표단은 이 서한의 정확성이나 질문에 대하여 대표들이 전할 답변의 내용을 의심하고 있다. 아니면 이 대표들과 함께 특정 질문들을 명쾌하게 하고 그들에게 모스크바 결정의 본질을 설명한다면 정당들의 협의 참여에 대한 논란, 즉 공동위원회가 1달 내내 협의하지 못한 문제가 풀리지는 않을까 의심하고 있다. 대표들을 초대한 후에 공동위원회는 모스크바 결정을 완수하는 방향으로 진전할 가능성이 있다.

이것은 명백히 미국에 그다지 이익이 되지 못한다. 소련 대표단은 서한에 서명한 정당과 단체를 공동위원회와의 협의에 초청하는 것을 방해해야 할 이유를 알지 못한다.

소련 대표단은 공동위원회 작업의 지연은 반모스크바결정위원회, 즉 반탁위원회를 이루는 정당과 단체들의 잘못이라고 확언했으며 지금도 그러하고 있다. 미국 대표단이 이 정당과 단체들을 옹호하는 한 그것은 미국 대표단의 책임이기도 하다.

브라운 장군 :

소련 대표단장은 미국 대표단이 반탁위원회를 구성하는 정당과 단체를 완전히 지지한다고 언급했다. 미국 대표단은 반탁위원회를 지지하지 않지만, 사상과 표현의 자유에 대한 모든 인간, 정당, 그리고 단체의 양도할 수 없는 권리를 지지한다. 아울러 미국 대표단은 몰로토프 씨와 마셜 장군의 결정, 그리고 미국 대표단장이 서명한 공동결의안 12호의 합의를 지지한다.

또한 소련 대표단장은 미국 대표단이 반탁위원회로부터 특정 정당과 단체가 탈퇴하는 것에 반대한다는 인상을 소련 대표단이 받았다고 발언했다. 그러나 미국 대표단은 한국의 어떤 정당이나 사회단체에 대해 오직 하나의 관심만을 가질 뿐인데, 그것은 공동위원회가 장관들과 본위원회의 합의로 자격을 얻은, 임시정부의 구성과 관련하여 한국인에게 숙고할 권리를 부여하는 것이다. 그 외에 미국 대표단은 어떤 특정 정당 또는 조직에 관심이 없다.

소련 대표단장은 특정 정당과 사회단체로부터 전달된 서한에서 제기된 몇몇 질문에 대해 미국 대표단장이 답할 수 있다고 말했다고 언급했다. 미국 대표단장은 그 같은 발언을 한 적이 없다. 미국 대표단장은 소련 대표단이 묻고 싶은 질문을 모르겠다고 말하고 이에 대해 알려줄 것을 요청했다. 그는 만약 질문들을 알았다면 그것에 일부 답하는 것이 가능했을 것이라고 언급했다. 이제 미국 대표단장은 그 발언이 의미하는 바를 조금 더 명확히 하고자 한다.

소련 대표단장의 최근 발언은 연합회의 구성 정당들을 대표하여 쓰인 7월 28일의 서한을 평가함에 있어서 그 서한의 중요함을 인지하는데 명백히 실패했으며 연합회의에 대해 잘 알지 못한다는 점을 입증했다. 서한을 검토해보면 다음이 사실로 보인다. 그 서한은 "연합회의 가맹단체들을 대표하여" 쓰였으며, 주요 우파청년단체, 노동단체 그리고 여성단체와 정당을 대표하는 15명의 지도자가 서명하고 봉인하였다. 서한은 공동위원회에 "모든 가능한 방법으로 그들의 충실한 협력"을 제공한다. 서한은 회의의 회원정당 일부가 "이전에 반탁위원회에서 활동했기" 때문에 그들이 협의로부터 제외되어야 한다는 것이 소련 대표단의 견해라고 지적한다. 그리고 이 결과로서 미국과 소련 대표단은 합의에 이를 수 없었다. 반탁위원회가 공동위원회 업무에 대해 반대하거나 적극적인 반대에 착수한 적이 결코 없음을 지적하며, 서한은 몰로토프-마셜의 합의에 따라 한국인에게 보장된 자유로운 의사 표현의 권리를 비호한다. 서한은 협의에 지원한 그 어떠한 단체도 6월 23일의 시위에 참여하지 않았다고 언급한다. 서한은 반탁위원회 회원이기도 한 연합회의 회원단체들이 표현의 자유를 유지한 채 공동위원회 작업의 모든 단계에서 협조할 것이라고 보고하였다. 서한은 또한 적극적 반대는 "실제로 그들 자신의 정책에 반대"된다고 평했다.

서한에 제시된 주된 의제는 표현의 자유이지, 이전의 반탁위원회 활동이 아니다. 비록 이 권리가 몰로토프-마셜의 합의에 따라 명시적으로 보장되었지만, 소련 대표단은 협의 과정에서 한국인들에게 그 권리를 부여하지 않을 의도라는 의혹을 일소해 버리는 식으로 이에 대한 입장 표명을 체계적으로 거부했다.

앞서 언급한 것과 8월 5일자 소련 대표단의 발언을 통해 아래와 같이 살펴볼 수 있다.

소련 대표단은 이 서한을 반탁위원회 회원단체가 작성했다고 반복해서 주장한다. 이것은 완전히 부정확하다. 이 서한은 표현의 자유를 보호하며 "연합회의 회원단체를 대표하여" 쓰였으며, 회의의 회원 열다섯이 서명하였다.

연합회의는 공동위원회에 대한 지지를 선언한 거의 모든 우파 단체를 포괄한다. 이 회의는 6월 19일의 반탁위원회가 분열된 이후에 등장했으며, 이승만과 김구의 지도를 포기한 모든 진보 집단을 유인했다. 이것과 반탁위원회 사이에는 전혀 공통점이 없다. 여러 소규모 집단들이 협의 지원을 위한 마감일 이후 연합회의 단체들을 따랐다. 현재 회의는 100개가 넘는 우익과 온건 집단으로 구성되어 있으며, 이들의 대다수가 협의에 지원했었다. 사실 이는 공동위원회와의 협력을 강령으로 하며 민족전선과 결합하지 않은 주요 정치 사회적 집단들 다수를 묶어 낸 세력이다. 이중 오직 소수만이 반탁위원회에 소속되었던 적이 있다.

서한은 반탁위원회의 견해를 표현하겠다고 말하지 않는다. 서한은 반탁위원회가 아니라 연합회의 대표들이 서명했다.

쉬띠코프 장군은 왜 연합회의의 100개 단체가 아니라 15명의 대표자들만이 소환되어야 한다고 요구하는가? 비록 미국 대표단은 공동위원회와 협력하기를 원하는 민주주의민족전선의 울타리 밖의 거의 모든 주요 한국 정당들을 대체로 의심하고 심문하는 데 끝까지 반대하지만, 이것이 연합회의의 전체 회원을 대표하여 쓰인 서한에 대한 보다 논리적인 접근일 것이다.

이 서한의 진위에 관하여 그 전문이 한국 언론에 공개될 것이며, 진본이 아니라면 적당한 때에 연합회의가 문제를 제기할 것이다.

쉬띠코프 장군 :

방금 소련 대표단이 들은 미국 대표단장의 선언은 소련 대표단이 언급한 몇몇 견해를 반박하지 못했다.

이 정당과 단체의 선언들을 검토하면서 브라운 장군은 반탁위원회를 대표해서가 아니라 우익 정당과 단체가 가입한 연합회의를 대표하여 정당과 단체들이 서한에 서명했다고 지적했다. 그리고 브라운 장군은 현재 연합회의가 우익 정당들을 연합하여 존재한다고 지적했다. 소련 대표단은 이와 같은 단체가 구성되었다고 한국 신문에서 읽은 적이 있으나, 회의의 강령과 목표는 언론에서 자세히 언급되지 않았다.

소련 대표단은 이 같은 회의가 존재하며 그것이 우익 경향을 지닌 정당과 단체를 통합한다는 브라운 장군의 발언을 숙고할 것이다. 소련 대표단은 이 회의에 가입한 정당과 단체의 협의 참여를 허가하는 데 반대하지 않는다. 그들이 반탁위원회 회원이 아니며 모스크바 결정에 반대하여 투쟁하지 않는다면 말이다. 만약 이 회의가 모스크바 결정을 완전히 따르고, 임시정부의 건설에 대해 공동위원회와의 협의를 원한다면 이는 매우 바람직하다. 그렇다면 공동위원회가 이 정당과 단체들에게 반탁위원회에서 탈퇴하고, 모스크바 결정과 공동위원회에 대한 반대 투쟁을 중단하고, 모스크바 결정과 연합회의의 인도를 정직하게 따르도록 권고하는 것이 보다 용이해질 것이다. 그리고 이로써 전반적으로 모스크바 결정을 수행하는 공동위원회의 업무를 촉진할 수 있을 것이다.

이처럼 미국 대표단의 견해로는, 김구와 이승만의 지도에서 벗어난 정당과 단체들은 장차의 공동위원회 작업에서 방해가 되지는 않을 것이다. 소련 대표단은 왜 이 정당과 단체들에 대해 이 같은 제안이 이뤄질 수 없는지 이해할 수 없다. 그렇게 한다면 그들은 반탁위원회가 모스크바 결정과 공동위원회에 반대하기 위해 수행하는 방해 작업에 대해 책임지지 않아도 될 것인데 말이다.

의사 표현의 자유와 관련하여 소련 대표단은 반복해서 말하건대, 소련 측은 한국인의 의사 표현의 자유를 금하는 어떠한 제안도 제시한 적 없다. 미국 대표단은 모든 이의 표현의 자유를 지지한다면서 왜 모스크바 결정에 반하는 의사 표현의 자유만을 지지하고 모스크바 결정과 공동위원회 작업에 대한 지지 의사를 자유롭게 표현하기 원하는 한국인들, 아울러 정당과 단체들을 보호하지 않는가? 이것 또한 의사 표현의 자유이다.

공동위원회의 성공을 기원하며 모스크바 결정에 부합하는 임시정부 구성을 희망하는 한국인들이 절대다수이다. 소련 대표단은 공동위원회가 모스크바 결정에 반대하는 의견이 아닌 대다수 한국인들의 의견을 고려해야 한다고 생각한다. 모스크바 결정에 반대하는 이들도 그들의 의견을 표현할 수는 있으나 이에 관하여 공동위원회와 협의할 수는 없다고 생각한다. 왜냐하면 공동위원회는 모스크바 결정을 준수하는 정당과 사회단체들과 모스크바 결정을 완전히 이행하기 위해 협의할 것이지, 이에 반대되어 협의하지 않을 것이기 때문이다. 이것은 반박하기 어려운 냉정한 사실의 논리이다.

모스크바 결정의 완수와 관련하여 그들 각각의 문제들에 대한 양측 대표단의 이와 같은 이해와 더불어 공동위원회는 모스크바3상회의 결정에 따라 맡겨진 의무를 성공적으로 이행할 수 있을 것이다.

소련 대표단은 미국 대표단에게 모스크바3상회의 결정의 완수와 관련된 문제를 현실적으로 존재하는 공동위원회의 업무 조건이 필요로 하는 원칙들에 기반하여 해결하기를 요구한다. 이는 공동위원회가 추구하는 목표이기도 하다.

브라운 장군 :

미국 대표단은 소련 대표단에 1947년 8월 6일자 공동 언론 발표 제안서를 송부했다. 미국 대표단장이 아는 한 소련 대표단으로부터 공동 언론 발표 제안에 대한 답신은 오지 않았다. 이 문제와 관련해서 소련 대표단은 무엇을 원하는가?

쉬띠코프 장군 :

소련 대표단은 다음 사항들을 제안한다.

1. 우리가 이 발언과 관련된 질문들을 보다 명확하게 규정하지 않는 한 성명서 초안에 공동위원회가 수용한 정당과 단체들의 발언을 포함

시키지 않을 것.

2. 미국 측 성명서 초안이 지적하고 있듯이, 소련 대표단이 협의를 위해 이 정당들을 초청하는 것이 아니라 공동위원회 회의에 제기된 몇 가지 문제들을 정리하기 위해 초청한다는 내용에서 몇 가지 단어를 바꿀 것. 공동위원회가 법정은 아니지만, 정당 또는 단체와 관련된 모호한 문제들을 명백하게 밝힐 권리를 지닌 두 정부의 대표자들로 구성되어 있다.

3. 8월 5일자 공동위원회 회의에서 소련 대표단이 다음의 제안을 제출했음을 지적할 것―공동위원회의 업무를 촉진하기 위해 제2, 제3분과위원회를 출범시킬 것. 그리고 양측 대표단과 제1분과위원회 의장에게 명단과 관련된 문제 해결의 책임을 맡길 것.

이것이 내가 양측 비서관 대표들에게 두 시간 내에 승인을 위해 제출되도록 성명서 초안 작성 지시를 제안하는 이유이다.

브라운 장군 :

공동위원회가 아직 합의하지 못한 질문들을 좀 더 조명해야 한다는 점을 고려하여, 공동성명서에 언급된 서한을 공개해야 한다는 것이 미국 대표단의 의견이다. 공동성명서에 이 서한을 공표함에 있어서 소련 대표단이 미국 대표단과 함께할 의사가 없다면, 미국 대표단이 따로 이 서한을 공개할 것이다. 미국 대표단은 소련 대표단의 제안과 그 제안에 대한 금일 회의에서의 미국 대표단의 답변까지 포함하는 공동성명서의 초안 작성에 반대하지 않는다. 그 성명서는 지난 회의에서 소련 대표단이 제시한 제안들과 그것에 대한 금일 회의의 논의를 포함할 것이다. 오늘의 회의를 다루는 이와 같은 회보는 발간되어야 한다.

쉬띄코프 장군 :

소련 대표단은 일련의 문제가 규명되기 전에는 이 서한을 성명서에 포함시키는 데에 동의할 수 없다. 남아있는 문제들과 관련해서 소련 대표단은 우리가 제안한 추가 및 수정 사항이 반영된 성명서 초안에 동의한다.

브라운 장군 :

공동위원회에 제출된 서한은 기밀문서가 아니다. 서한에 그것을 제시한 이의 공식 서명이 존재하는 한, 미국 대표단은 그 진위에 관해 의문을 제기할 이유는 없다. 미국 대표단은 기밀성이 없는 관계로 서한을 언론에 발표할 것이다. 지난 회의에서 작성된 소련 측의 제안과 이번 회의에서 작성된 미국 측의 역-제안을 포함한 공동성명서를 준비하기 위해 미국 대표단장은 미국 측 비서관이 소련 측 비서관과 협력하도록 요청할 것이다.

3. 공동위원회 구두 협의를 위한
　　　　　　　민주적 정당과 사회단체 대표자 명단 승인

이 의제는 논의되지 않음

4. 구두 협의의 절차 승인

이 의제는 논의되지 않음

5. 다음 회의 일자 선정

미정

이하 쉬뜨코프 상장과 브라운 소장의 서명

32

미소공동위원회 제56차 회의록

KWUB-0112, NARA

제56차 회의록

미소공동위원회 : 한국 서울, 덕수궁

1947년 8월 26일 13시 30분

미국 대표단 : 브라운 소장(의장), 번스 씨, 존 웨컬링 준장, 오웬 존스 씨, 토마스 와틀링턴Thomas M. Watlington 대령.

소련 대표단 : 쉬띄코프 상장, 툰킨 일등 자문위원, 레베데프 소장, 발라사노프 이등 자문위원, 코르쿨렌코 대좌.

고문과 기술전문가들도 참석함.

비서관

에드워즈 중령(미국)

아브라멘코 대좌(소련)

의제

1. 공동위원회 협의에 참여할 민주적 정당과 사회단체의 명단 승인

2. 공동 보고서 준비

3. 공동위원회 구두 협의에 참여할 민주적 정당들과 사회단체들의 대표자 명단 승인

4. 다음 회의 일자 결정

1. 공동위원회 협의에 참여할 민주적 정당과 사회단체의 명단 승인

쉬띄코프 장군 :

어제 소련 대표단은 미국 대표단의 제안에 대한 검토를 마쳤다고 말했으며, 오늘 소련 대표단의 제안을 제출할 것이다.

브라운 장군 :

소련 대표단이 원한다면 그렇게 하시오.

쉬띄코프 장군 :

소련 대표단은 미국 대표단이 8월 12일자 공동위원회 회의에서 제출한 제안에 대해 신중히 검토했다. 이 제안은 소련 대표단이 만족할 수 없는 제안이다.

무엇보다도, 미국의 제안이 실제로는 한국 임시 민주 정부의 구성에 관한 확실한 내용을 언급하지 않는다는 점을 지적한다. 미국의 제안은

제3분과위원회가 "임시정부의 임명직을 맡을 인사들의 선발 계획"을 준비해야 한다고 밝힐 뿐이다. 그러나 정부의 구성과 인사 선발 계획 마련은 같은 문제가 아니다. 8월 12일자 공동위원회 회의에서 소련 대표단이 요점을 명확히 하기 위해 미국 대표단의 임시정부 설립 구상에 대하여, 그리고 미국 측 제안에 따른 임시정부 수립 시기와 구성원과 관련하여 질문하였을 때 미국 측은 이에 대한 답변을 피했다.

따라서 미국 측의 제안은 한국 임시 민주 정부 수립이라는 공동위원회의 기본적인 과업, 즉 한국인들이 공동위원회에 가장 바라는 바로 그 문제의 해결을 회피하며, 이를 더 복잡하게 만든다.

미국의 제안에는 공동위원회 결의안 12호 9항에 포함된 협의에 대한 언급이 없다. 다만 이에 대해 소련 대표단장이 문제를 제기했을 때 미국 대표단장의 답변으로써 그러한 협의가 실행되어야 한다고 설명했을 뿐이다. 그러한 답변에 따라 미국 대표단이 만약 공동위원회의 실질적인 활동을 진정으로 진척시키고자 했다면 해당 제안에 공동위원회 결의안 12호 9항에 따라 구두 협의를 구성하기 위한 계획을 명시했을 것이다. 이러한 구두 협의 과정을 거치지 않는다면, 임시 헌장에 포함될 내용 등에 대한 논의는 무의미하다.

이에 8월 12일자 공동위원회 회의에서의 미국 대표단의 발언과 8월 23일 언론의 공식 성명을 통해 볼 때, 미국 대표단의 8월 12일자 제안이 선전을 위한 것이었다는 점은 의심의 여지가 없다. 미국 대표단은 언론 성명에서 '선거'라는 단어의 모든 어형 변화를 이용한다. 미국 대표단은 8월 12일의 제안에서 선거에 관련된 모든 문제들을 예상했지만, 한국인들이 자신들의 입법 체제 구성을 위한 선거 실행 과정에서 담당해야 할 역할과 지위 등을 언급하는 것을 '잊어버렸거나', 의도적으로 무시했다.

미국 측 제안에는 임시 헌장이 선거에 의한 입법기구 설립을 보장할 것이라고 명시되어 있다. 소련 대표단은 임시 헌장이 보통, 직접, 평등, 비밀선거에 기초한 입법기구를 보장해야 함이 자명하다는 것을 믿는다.

공동위원회는 지난 2개월 동안 공동위원회 협의에 참여할 민주적 정당과 사회단체의 명단 작성 문제를 논의해왔다. 이에 미국 대표단은 공동위원회가 모스크바 결정을 완전히 지지하는 민주적 정당과 사회단체와 협의한다는 몰로토프와 마셜 간의 합의 사항을 적용하길 사실상 거부했다. 미국 대표단의 이러한 입장으로 인해 공동위원회 협의에 참여할 한국의 민주적 정당과 사회단체의 명단 작성은 불가능해졌다.

소련 대표단은 한국 임시 민주 정부 수립을 위한 공동위원회의 과업을 수행하기 위해 공동위원회 결의안 12호 7항에 제시된 구두 협의를 실행하지 않겠다는 미국 대표단의 1947년 8월 12일자 제안에 동의할 준비가 되어있으며, 이에 다음의 내용을 제안한다.

1. 다음의 사항을 각 분과위원회에 지시한다.

   ⓐ 제2분과위원회로 하여금 공동위원회가 배부한 설문지에 관한 민주적 정당과 사회단체의 서면 제안을 즉시 검토하며 한국 임시 민주 정부의 구성 및 임시 헌장, 강령 등의 초안을 공동위원회에 제출하도록 한다.

   ⓑ 제3분과위원회로 하여금 임시정부의 임명직 인사 선발과 정부 권한 승인 절차에 대한 제안을 공동위원회에 제출하도록 한다.

2. 각 민주적 정당과 사회단체의 대표들로 구성된 협의체인 전한국

임시인민회의를 구성한다.

전한국 임시인민회의는 공동위원회 협의 참여를 신청했으며 모스크바 결정을 완전히 지지하고 공동위원회와 연합국 열강에 반대하지 않는, 10,000명 이상의 구성원을 가진 모든 정당과 사회단체의 대표자들로 구성되어야 한다. 이에 남과 북에서 파견되는 전한국 임시인민회의의 대표단의 수는 반드시 동일해야 한다. 다양한 정당과 사회단체의 각 대표자 수는 이들의 회원수와 그 영향력을 최대한 고려하여 공동위원회에 의해 결정될 것이다.

3. 공동위원회는 한국 임시 민주 정부의 구성, 임시 헌장, 강령 마련, 임시정부 임명직 인사 선발, 정부 권한 승인 절차 등에 대한 제안을 실행하기 위해 전한국 임시인민회의의 참여를 유도해야 한다. 임시 헌장은 입법 기관의 수립, 즉 한반도 전체를 대상으로 보통, 직접, 평등, 비밀선거의 원칙을 바탕으로 한 선거와 관련된 내용을 담아야 한다.

소련 대표단은 한국 인민들이 국가를 통합하고 그들이 원하는 민주 개혁을 실행할 임시 민주 정부의 구성을 간절히 원하고 있다는 것을 알고 있다.

소련 대표단의 제안은 협의체, 즉 민주적 정당과 사회단체들의 대표로 이루어진 전한국 임시인민회의가 구성되어야 함을 명확히 제시한다. 이러한 전한국 임시인민회의는 한국 인민들로 구성되고 가장 다양한 계급의 의견을 대표하며, 임시정부 수립과 그 활동과 관련된 모든 문제들을 논의하는 데 직접적으로 참여하게 될 것이다.

또한 소련 측은 임시 헌장에 입법기구 설치를 보장할 필요성을 제안한다. 이 입법기구는 전 한국에서 보통, 직접, 평등, 비밀선거를 기반으로 구성될 것이다. 모든 민주적 정당과 사회단체는 이 선거에 후보를 지명하고 그 후보와 공약에 대해 선거운동을 펼칠 권리를 평등하게 가져야 한다.

브라운 장군 :

지금 제안된 문서와 관련하여 최종적인 답변을 하기 전에 번역과 검토가 필요할 것이다. 미국 대표단장으로서는 추가적인 정보가 필요한 단락이 하나 있다고 생각된다. 바로 협의체 구성과 관련된 것이다. 통역을 통해 들은 바로 이해하자면, 협의체가 모스크바 결정, 공동위원회, 연합국에 '반대하지 않는', 10,000명 이상의 구성원을 가진 모든 정당과 사회단체의 대표자들로 구성되어야 한다고 했다. 여기에서 그러한 협의체를 구성할 자격을 갖춘 정당은 오직 민주주의민족전선 소속 정당이라고 간주하면 되는가?

쉬띠코프 장군 :

브라운 장군의 질문 내용이 명확하지 않다. 소련 대표단이 파악한 바에 따르면, 민주주의민족전선에 참여하지 않으면서 모스크바 결정 및 공동위원회 활동을 완전히 지지하는 정당과 사회단체가 다수 존재한다. 따라서 이러한 단체들 역시 협의체인 전한국 임시인민회의에 참여할 것이다. 모스크바 결정과 공동위원회 임무를 완전히 지지하는 정당과 단체들은 민주주의민족전선 소속 여부와 관계없이 여기에 참여할 수 있는 것이다.

브라운 장군 :

3개월에 걸친 숙고의 결과 미국 대표단은 소련 대표단이 민주주의민족전선에 참여한 정당만을 진정한 민주적 정당으로 간주한다고 결론을 내렸다. 소련 대표단은 민주주의민족전선에 참여하지 않은 정당을 반동적이며 반민주적인 정당으로 간주하고 있다. 지난 3개월간의 시간을 두고 파악한 미국 대표단장의 이러한 해석이 맞다면 소련 대표단의 제안은 협의체를 민주주의민족전선에 소속된 정당과 사회단체의 대표들만으로 배타적으로 구성하겠다는 것이다. 미국 대표단은 소련 대표단이 이와 관련하여 소련 측 제안에 따라 협의체에 참여할 수 있는 정당과 단체들의 조건이 어떤 것인지 자세하게 설명하길 바란다.

쉬띠코프 장군 :

소련의 제안은 어떤 정당과 단체가 협의체인 전한국 임시인민회의에 참여하게 될 것인지 명확하게 규정하고 있다. 모스크바 결정을 완전히 지지하고 공동위원회와 연합국에 반대하지 않는 정당과 단체들이 전한국 임시인민회의에 참여하게 될 것이다. 소련의 제안은 이러한 정당과 사회단체가 민주주의민족전선 소속인지 아닌지는 명시하고 있지 않다. 소련의 제안에서 협의체에 참여할 자격은 모스크바 결정과 공동위원회에 대한 정당과 단체의 태도에 의해 결정된다. 소련 대표단이 어떤 정당을 민주적이라고, 또는 반동적이라고 정의내린다는 브라운 장군의 추측은 단지 미국 대표단장의 추측에 불과한 것이고, 이를 뒷받침하는 기록이나 사실은 없다.

소련 대표단은 그 제안에서 어떠한 정당이나 단체도 반동적이라고

한 바 없다. 여기서 중요한 점은 그 정당과 단체가 모스크바 결정을 지지하는가이다. 이러한 조건은 몰로토프와 마셜 두 외무장관 사이의 공동위원회 업무재개와 관련된 합의에서 완전히 기인한다.

브라운 장군 :

소련 대표단장은 어떤 기준으로 모스크바 결정을 완전히 지지하지 않는 정당을 제외시킬 것인가?

쉬띄코프 장군 :

소련 외무장관 몰로토프와 미국 국무장관 마셜 간의 합의 조항 3개 가운데 1항에 근거한다.

브라운 장군 :

3개의 합의 조항 가운데 1항에서는 공동성명서 5호, 즉 협의 신청서의 서명을 모스크바 결정을 완전히 지지하겠다는 선의의 선언으로 받아들인다고 나와 있다. 여기에는 공동성명서 5호에 서명한 사람이 모스크바 결정을 완전히 지지하겠다고 선언한 것으로 본다는 내용은 없다. 공동성명서 5호의 서명인은 신청서 본문에 포함된 세부 조건들에 서약하는 것이다. 이 조건들은 공동위원회에서 자주 인용된 바 있다. 소련 대표단장이 서명 위의 신청서를 읽어본다면 서명인이 무엇에 대하여 서약했는지 정확히 알 수 있을 것이다.

쉬띄코프 장군 :

미국 대표단은 장관들의 합의 내용을 정확히 이행하기 위한 방법을 고려하기 보다는 그러한 합의 내용을 우회할 방법을 고려하고 있음이 분명하다. 그렇지 않다면 방금 브라운 장군의 발언과 같은 내용을 공동위원회 회의에서 언급하지는 않았을 것이다. 그는 이 발언으로써 공동위원회와 우리의 두 정부가 서명한 내용을 정당과 단체들이 어떻게 피해가야 하는지 말하고 있는 것이다. 이는 두 장관의 합의와 공동성명서 5호에 명시된 선언에 대한 새로운 해석이다. 이는 미국 대표단이 그러한 협정 내용을 정확하게 이행하기를 원치 않는다는 점을 증명한다.

브라운 장군 :

미국 대표단은 소련 대표단이 우리의 모든 발언을 잘못 이해하고 왜곡할 것임을 깨달았다. 그러나 본인은 3개의 합의 조항 가운데 1항에 다시 초점을 맞추고자 한다. 어떤 문서를 해석하는 데 있어 그 문서의 작성과정과 관련된 모든 부분을 고려해야 한다는 것은 잘 알려진 법적 원칙이다. 공동위원회 결의안 12호의 작성과정에서 소련 대표단이 이를 부분적으로 인정한 바 있다. 공동위원회 결의안 12호를 준비하는 과정에서 미국 대표단은 치스차코프 장군이 11월 26일에 제시한 세 가지 제안들과 하지 장군이 12월 24일에 제시한 역-제안 내용을 공동위원회 결의안 12호에 포함할 것을 주장했다. 치스차코프 장군의 첫 번째 제안은 다음과 같았다. "공동위원회는 반드시 한국에 대한 모스크바 결정을 완전히 지지하는 모든 민주적 정당과 단체와 협의해야 한다." 이에 대해 하지 장군은 다음과 같이 답했다. "공동성명서 5호에 서명하는 것은 모스크바 결정을 완전히 지지하겠다는 선의의 선언으로 받아들여질 것이며, 이에 서명한 정당과 단체들은 초기 협의에 참여할 자격을 얻는다." 치스챠코프 장군의 제안이 의미하는 바를 이해하려면 이전에 하지 장군에게 보낸 서한에서 미국 대표단이 1946년 공동위원회 회의 중 민주주의민족전선 소속 대규모 정당 및 단체와의 협의를 거절한 사실을 언급한 부분으로 되돌아갈 필요가 있다. 치스챠코프 장군은 첫 제안에서 공동위원회가 이러한 단체들과 '반드시' 협의해야 한다는 점을 분명히 강조했다. 치스챠코프 장군이나 그에 답한 하지 장군이나 모스크바 결정을 완전히 지지하지 않는 단체들과의 협의를 '반드시 거부'해야 한다고 말하지 않았다. 하지 장군은 치스챠코프 장군의 제안대로 공동위원회는 협의 신청서에 서명한 폭넓은 범주의 이들과 협의할 것임을 밝혔다. 소련 대표단은 이러한 선언들을 통상적이지 않으며 옹호할 수도 없는 가정에 따라 해석하고자 하는 셈이다. 소련 대표단은 거짓된 개념과 두 외무장관의 합의를 잘못 인용하면서 공동위원회를 방해하고 중단시키려 하는 것이다.

쉬띄코프 장군 :

소련 대표단은 미국 측의 진술을 그들이 제시한 그대로 해석하는 것이다. 소련 대표단은 공동성명서 5호의 서명을 모스크바 결정을 완전히 지지하겠다는 선의의 선언이라 받아들일 것이며, 그러한 서명을 통해 각 정당과 단체들은 모스크바 결정을 완전히 지지하겠다고 실질적으로 선언한 것으로 받아들일 것이라는 점을 재차 분명히 한다.

돌 하나로 두 마리의 새를 잡을 수 없다는 러시아의 격언이 있다. 이는 각 정당이 행동하는 방식에도 적용된다. 특정 정당들은 공동성명서 5호의 선언에 서명했지만, 여전히 반탁위원회에 소속된 채로 있었다. 이들은 반탁위원회에서의 활동, 즉 공동위원회와 모스크바 결정의 과업을 저지하기 위한 활동을 이어간다. 이에 각 정당과 단체들은 두 노선 가운데 하나를 선택할 필요가 있다. 공동위원회가 모스크바 결정을 성공적으로 수행하는 것을 바라는 정당과 단체들은 반탁위원회 참여를 번복하고 모스크바 결정과 공공위원회의 활동을 지지하겠다고 선언해야 한다. 그렇게 한다면 이러한 정당들이 공동위원회와의 협의에 참여해야 할 것인자의 여부에 대해서 소련 대표단이나 미국 대표단 모두 의심할 필요가 없으며, 2개월에 걸쳐 이 문제를 논의할 필요도 없었을 것이다. 공동위원회와 한국 여론은 모두 이 일석이조하려는 20여 개의 정당과 단체의 태도 때문에 공동위원회가 정체 상태에 빠져 문제를 신속히 해결할 수 없게 되었음을 알고 있다. 미국 대표단이 모스크바 결정과 양측 외무장관의 합의에 대해서 정확한 완수 과정을 따른다면, 모스크바 결정에 반대했던 정당과 단체들도 태도를 바꾸어 반모스크바결정위원회에서 탈퇴하고 공동위원회의 활동과 모스크바 결정을 완전히 지지할 것이다.

브라운 장군 :

지난 2개월간 이야기한 것들을 반복해서 얻을 수 있는 것은 아무것도 없다. 소련 대표단장은 미국 대표단장에게 문제가 되어 왔던 부분에 대해 분명 답변했다. 하지만 보다 명확히 하기 위해 묻자면, 소련 대표단장의 제안은 소련 측에서 반탁위원회 소속으로 여기는 정당과 단체를 협의체에 포함하는 데 반대한다는 것인가?

쉬띄코프 장군 :

소련 대표단은 미국 대표단이 마침내 정당과 단체들이 공동위원회와 의 협의와 임시 민주 정부 구성 참여를 원하는 동시에 반탁위원회에 속할 수 없음을 이해했다는 것이 만족스럽다. 그렇다면 소련 대표단의 제안이 협의체, 즉 전한국 임시인민회의에는 모스크바 결정과 공동위원회 활동을 완전히 지지하는 모든 정당과 단체가 참여할 수 있다는 것을 의미한다는 점이 명확해질 것이다. 또한 공동성명서 5호의 선언에 서명한 단체들은 반모스크바결정위원회에서 탈퇴하고, 한국에서 모스크바 결정을 완수하는 공동위원회의 업무에 양심적으로 협조하는 민주적 정당과 단체들과 함께해야 한다는 것 역시 명확해졌다.

브라운 장군 :

하나의 돌로 두 마리의 새를 잡을 수 없다는 옛말은 사실이다. 소련 대표단은 지난 2개월간 미국 대표단이 공동위원회 업무를 지연시킨다고 비난해왔다. 공동위원회 업무는 몇몇 새들을 잡을 돌들을 찾으려는 소련 대표단에 의해 지연된 것이며, 그 새들은 멀쩡히 살아 있다. 소련 대표단은 그 돌들을 아직 찾지 못한 것이다.

미국 대표단은 소련 대표단의 제안을 상세히 검토한 후 다음 회의 때 답변할 것이다.

이 장소가 내일 다른 회의를 위해 필요하다는 점을 고려할 때 공동위원회 회의가 여기서 열리지는 못할 것이다. 미국 대표단은 소련 대표단이 동의한다면 목요일 혹은 금요일에 다음 회의를 열고자 한다.

쉬띄코프 장군 :

소련 대표단은 아무 이유 없이 미국 대표단을 비난해왔던 것이 아니다. 미국 대표단이 반탁위원회를 포함한 정당과 단체를 지원하지 않았다면, 공동위원회의 활동을 진작에 마무리할 수 있었을 것이라는 점을 지적하고자 했을 뿐이다. 이것은 사실이다. 그랬다면 새들이나 그 새들을 죽일 돌들 모두 필요가 없었을 것이다. 그 새들은 노련하고, 지원이 계속되는 한 모스크바 결정과 공동위원회에 대한 투쟁을 계속해야 함을 알고 있다. 그러한 지원은 반드시 중단되어야 한다.

소련 대표단은 미국 대표단이 제시하는 어느 시간에든 회의에 참석할 것이다.

브라운 장군 :

다음 회의에는 소련 대표단이 문제점을 잘 파악할 수 있기를 바란다.

쉬띄코프 장군 :

소련 대표단은 문제점들을 회의에서 논의하고자 했다. 이를 미국 측 대표단이 거부한 것이다.

2. 공동 보고서 준비

브라운 장군 :

제1분과위원회가 보고할 사항이 있는 것으로 알고 있다.

쉬띄코프 장군 :

보고해 주시오.

번스 :

제1분과위원회는 오늘 아침 회의를 통해 한 가지의 세부사항을 제외하고 공동 보고서 개요에 대한 합의에 이르렀다. 미국 대표단은 마셜 장군의 요청에 따라 보고서를 작성함에 있어 1946년 첫 공동위원회 논의 내용과 이후 공동위원회 재개에 이르기까지의 중간 의견교환에 대해 간략한 언급을 포함시키는 것이 필요하다고 생각했다. 소련 대표단은 이것이 불필요하다고 여겼다. 별개로, 1947년 현 회의의 세부적인 논의 사항은 툰킨과 본인 사이에 합의된 것이다.

브라운 장군 :

1947년 현재 공동위원회의 활동이 공동위원회의 1946년 활동이 실패했던 것과 같은 이유로 무산될 위기에 처해 있는바, 1946년의 실패 원인을 언급할 필요가 있다.

쉬띄코프 장군 :

공동위원회의 작년 자료와 장관들 사이의 서신 교환 내용은 양측 정부가 이미 잘 알고 있는 내용이고 언제든지 확인할 수 있는 사항이기 때문에 소련 대표단은 보고서가 공동위원회의 1947년 활동을 중심으로 작성되어야 한다고 생각한다. 이것이 바로 소련 대표단이 공동 보고서에 공동위원회 재개 이후의 내용, 즉 1947년 5월 21일부터 현재까지의 내용만 포함해야 한다고 생각하는 이유이다.

브라운 장군 :

미국 대표단장은 공동위원회가 그 업무에 착수한 것이 1946년이라고 여기는 바이다. 소련 측의 목표는 1946년 공동위원회 첫 회의 때 그 대표단장에 의해 명확히 제시되었다. 1947년 공동위원회의 입장은 1946년의 입장과 같은 선상에 있다. 공동위원회는 총 56번 모였으며, 첫 번째부터 56번째 회의까지의 이야기는 이어진다. 제대로 된 보고를 위해서는 전체의 이야기가 전달되어야 한다.

쉬띄코프 장군 :

소련 대표단은 스스로 과중한 업무를 부과하거나 양 정부에 막대한 양의 공동위원회 관련 자료로 짐을 지우기를 원치 않는다. 필요한 경우에 그들은 작년의 공동위원회 업무와 관련해 자료를 열람할 수 있다. 1947년 4월의 서신 교환 중, 몰로토프 씨의 4월 19일자 서신은 공동위원회가 1947년 7~8월 양 정부에 업무 결과 보고서를 제출할 것이라고 언급하고 있다. 이것이 보고서가 현 회의만을 다뤄야 한다고 소련 대표단이 생각하는 이유이다.

브라운 장군 :

미국 대표단장은 소련 대표단과 미국 대표단이 각각 보고서 초안을 작성할 것을 제안한다. 이후 양측 대표단이 제1분과위원회에 모여 보고서를 수정할 것이다. 미국 대표단은 소련 측이 모스크바 결정에 따른 한국 독립 보장을 지속적으로 거부했음을 보이기 위해 완전한 보고서를 준비해야 한다.

쉬띄코프 장군 :

소련 대표단은 한국인들의 독립을 절대 부정하지 않았으며, 지금도 부정하지 않는다. 미국 대표단이 한국인들의 독립을 부정하고자 한다면, 스스로의 양심에 따라 그렇게 하라. 소련 대표단은 항상 모스크바 결정의 정확한 이행을 지지해왔고 앞으로도 그러할 것이다. 이에 미국 대표단이 모스크바 결정의 이행을 방해하는 것을 용인하지 않을 것이다. 미래는 소련과 미국 대표단 중 어느 쪽이 더 한국의 독립을 열망하였는지 보여줄 것이다. 역사가 이것을 보일 것이다. 민중은 그들이 접하는 정보로부터 이를 알고 있다. 인민은 진정한 친구와 친구인 척하는 이들을 구분할 줄 알기에, 그 감정을 가지고 장난쳐서는 안 된다.

모스크바 결정은 한국인들의 이익을 위해 채택되었기 때문에 반드시 정확하게 수행되어야 한다. 소련 대표단은 마셜과 몰로토프 간의 합의된 지침에 따라 공동 보고서가 제출되어야 한다고 여긴다.

브라운 장군 :

미국 대표단은 보고서가 소련 대표단이 쓰고 싶은 대로가 아니라 기록된 있는 그대로의 회의록에 따라 쓰이길 제안한다. 그 회의록은 56번의 회의를 포괄하는 것이다. 소련 대표단의 입장은 첫 번째 회의 이래 56번째 회의까지 계속해서 일관적이었다. 만약 보고서가 작성된다면, 이 모든 기록이 포함될 것이다. 미국 대표단은 양측 대표단이 각자 보고서를 작성하고, 제1분과위원회의 조정을 거칠 것을 제안하는 바이다. 초안에 따르면 유일한 차이점은 미국 측 보고서가 소련 측에 포함되지 않은 한두 개 단락이나 부분을 포함하리라는 것이다. 보고서를 조정하는 것은 비교적 쉬울 것이다. 제1분과위원회에서 각 대표자에 의해 작성된 초안을 바탕으로 보고서가 쓰일 것이니 더 이상 공동위원회에서 이 문제를 논의하는 것은 의미가 없어 보인다. 공동위원회는 제1분과위원회가 현 초안에 따라 계속 작업을 진행할 것을 지시한다.

쉬띄코프 장군 :

소련 대표단은 공동위원회 재개 이래의 실제 현황들이 보고서에 언급되어야 한다고 생각한다. 소련 대표단은 모스크바 결정을 완전히 지지하고 정확히 수행한다는 입장을 지금까지 계속해서 견지해왔다. 미국 대표단이 보고서 초안의 공동작성을 거부하는바, 소련 대표단은 양측 외무장관이 교환한 서신과 이전에 제출한 초안에 따라 보고서를 작성할 것이다.

브라운 장군 :

금요일 10시에 제1공동위원회가 보고서 초안 작성을 위한 회의를 진행할 수 있도록 해당 보고서들을 금요일까지 준비하도록 하자.

3. 공동위원회 구두 협의에 참여할
　　　　민주적 정당들과 사회단체들의 대표자 명단 승인

이 안건은 논의되지 않음.

4. 다음 회의 일시 결정

다음 회의 일자는 결정되지 않음.

이하 브라운 소장과 쉬띠코프 상장의 서명